Wehrhaftes Franken

Ursula Pfistermeister

Wehrhaftes Franken

Burgen, Kirchenburgen, Stadtmauern
Band 1: um Nürnberg

Verlag Hans Carl

Konzeption, Gestaltung, Text und Fotos: U. Pfistermeister

Einbandvorderseite: Burg Colmberg
Abbildung Seite 2: Rothenburg o.d. Tauber, Wehrgang am Klingentor

Die Deutsche Bibliothek – CIP-Einheitsaufnahme

Ein Titelsatz für diese Publikation ist bei der Deutschen Bibliothek erhältlich

Die Abbildung der Karte auf den Seiten 12/13 erfolgte mit freundlicher Genehmigung von Bernhard Spachmüller, Ingenieurbüro für Kartographie

Druck: Aumüller, Regensburg
ISBN 3-418-00384-2

Inhalt

Burgen, Kirchenburgen, Stadtmauern um Nürnberg

Die Geschichte der Menschheit ist auch eine Geschichte immerwährender Auseinandersetzungen: Friedlich neben- und miteinander zu leben und dem Nachbarn ohne Neid, ohne rücksichtslose Macht- und Habgier zu begegnen, das scheint dem Menschen über längere Zeiträume hinweg nur ganz selten zu gelingen. Das Bestreben sich zu schützen, sich zu wehren, gehört daher zu den Grundbedürfnissen des Daseins.

Wie Ausgrabungen beweisen – zum Beispiel auf der Ehrenbürg bei Forchheim und dem im oberen Maintal gelegenen Staffelberg –, entstanden auch im heutigen Franken bereits in vor- und frühgeschichtlicher Zeit wohldurchdacht angelegte Befestigungen mit Wällen, Pfostenschlitzmauern und Toranlagen. Später errichteten die römischen Besatzungstruppen entlang des Rätischen Limes ihre einheitlich geplanten, stark befestigten Kastelle. Und für das frühe Mittelalter, in dem sich der fränkische Einfluß nach den entscheidenden Siegen über Alamannen (496) und Thüringer (531) mehr und mehr nach Osten ausgeweitet hatte und das heutige Franken weithin karolingisches Königsland geworden war, sind mit ›Rossadal castellum‹ (Roßtal) und den Wallsystemen des Hetzleser Bergs auch in dem von diesem Führer erfaßten Gebiet typische Wehranlagen der Zeit nachweisbar, obwohl das Pegnitztal und die Täler von Regnitz, Rednitz und Fränkischer Rezat bis weit ins 10. Jahrhundert verhältnismäßig arm an Befestigungen sind.

Im 12. Jahrhundert änderte sich das Bild grundlegend. Anstelle ausgedehnter, hochgelegener und manchmal wohl nur als Fluchtburgen genutzter Befestigungsanlagen entstanden nun Burgen im eigentlichen Sinn. Sie werden in Urkunden und Chroniken (lat.) castrum oder castellum genannt, auch Burg, Haus, Festes Haus, Turm, Stein oder Feste und zeichnen sich durch ihre auffallende architektonische Geschlossenheit aus. Turm, Mauer, Tor und Haus – die mehr oder weniger ausgeprägten, wichtigsten Bauelemente einer Burg – sind zwar manchmal miteinander verschmolzen oder auch nur angedeutet. Bei aller Unregelmäßigkeit der Gestaltung sind sie jedoch immer vorhanden und den natürlichen Gegebenheiten des Geländes – Höhenburg, Wasserburg – und den zu erwartenden Angriffswaffen optimal angepaßt.

Wichtigster und auch optisch bedeutendster Bau jeder Burg war der Turm, der Bergfried, der mit seiner hochgelegenen Einstiegsöffnung als letzte Zuflucht diente und dank seiner besonderen Mauerstärke Angriffen am ehesten Widerstand leisten konnte. Nach der Mitte des 12. Jahrhunderts wurde er wie der Wohnbau des Burgherrn (Palas) oft unter Verwendung mächtiger Buckelquader errichtet. Dabei hat man, obwohl der Stein beim mittelalterlichen Burgenbau naturgemäß die wesentlichere Rolle spielte, an weniger gefährdeten Stellen auch bemerkenswert viel Holz oder Fachwerk eingesetzt. Größere Burgen besaßen innerhalb des Berings neben Bergfried, Palas und Kapelle zahlreiche Nebengebäude und waren durch eine getrennt ummauerte Vorburg oft zusätzlich gesichert, während kleinere Anlagen nur aus einem vom Bering umgebenen und zum Wohnturm ausgebauten Bergfried bestehen konnten.

War Franken zunächst Reichsland, das vor allem von geistlichen Gewalten, von den Bistümern Würzburg, Bamberg, Eichstätt und dem Kloster Fulda verwaltet wurde, so konnten in der Zeit des Interregnums auch der Adel und die Ministerialen ihre Macht festigen. Die Burggrafen von Nürnberg, die Grafen von Castell, von Henneberg, Hohenlohe, Oettingen, Rieneck und Wertheim: sie alle verfolgten und behaupteten nun ihre eigenen Interessen. Franken entwickelte sich zu jenem buntscheckigen politischen Flickenteppich, in dem sich die Geschichte allein aus dem Miteinander und Gegeneinander vieler Einzelner ergab, aus der mosaikartigen Aufsplitterung in zahl-

Nürnberger Burg von Nordosten, Stich von J. Poppel nach Adam Klein, 1. Hälfte 19. Jahrhundert

reiche geistliche und weltliche Landeshoheiten, die sich gegenseitig durchaus auch blutig in Schach hielten. Manchmal wechselte die Herrschaft von Stadt zu Stadt, von Dorf zu Dorf, manchmal sogar innerhalb einer Gemeinde: Die Hochstifte Würzburg, Bamberg und Eichstätt waren ineinander verzahnt; dazwischen lagen die von den Nürnberger Burggrafen aufgebauten Markgrafschaften Ansbach und Kulmbach-Bayreuth, die Fürstentümer Schwarzenberg, Castell und Pappenheim, die Besitzungen des Deutschen Ordens, die Reichsstädte Nürnberg, Weißenburg, Rothenburg, Dinkelsbühl und Windsheim. Und überall baute man Burgen, später auch Residenzen, und überall erhob man auch kleinere Ortschaften zur Stadt.

Dabei sollten die Burgen als Ministerialensitz oder Stützpunkt einer Territorialherrschaft, sei sie nun weltlicher oder geistlicher Art, nicht nur Schutz gewähren. Spätestens im Lauf des 12./13. Jahrhunderts wurde die Burg als bewohnbarer Wehrbau oder wehrhafter Wohnbau endgültig zur repräsentativen Bauform des aufsteigenden Adels und als Zentrum herrschaftlichen Lebens und herrschaftlicher Rechte, als Mittelpunkt eines von ihr aus bewirtschafteten und verwalteten Besitzes, zu einem Symbol herrschaftlicher Macht.

Der bedeutendste zu dieser Zeit in unserem Gebiet entstehende Bau dieser Art ist die später vielfach veränderte Nürnberger Burg. Doch verweisen auch die Anlagen in Abenberg und Altenmuhr, in Bechthal, in Burgthann und Cadolzburg, in Colmberg, Dachsbach, Hohenstein, Pappenheim, Sandsee und Wernfels zumindest mit Teilen ihres Baubestands auf eine Gründung während des 12. oder frühen 13. Jahrhunderts.

Die folgenden Jahrzehnte brachten nahezu überall Umbauten und Erweiterungen und so man-

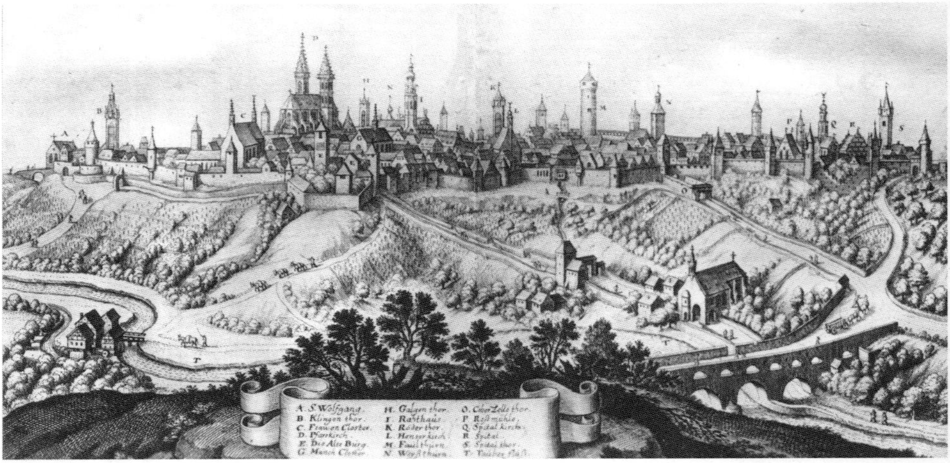

Rothenburg o.d. Tauber, Stich von Matthäus Merian, 1648

che Burg gewann erst im 14./15. Jahrhundert oder wie Virnsberg, das zu den eindrucksvollsten Anlagen unseres Gebiets zählt, gar erst im 16. Jahrhundert ihr heutiges Aussehen. Gleichzeitig entstand aber auch noch viel Neues, darunter ein so bedeutender Bau wie das Wenzelschloß, das sich Kaiser Karl IV. 1356-1360 in Lauf errichten ließ, oder jene Reihe kleiner befestigter Herrensitze, die für das Nürnberger Umland so charakteristisch sind und die nicht selten gewissermaßen als Vorwerke der eigentlichen nürnbergischen Stadtbefestigung dienten.

Obwohl Dinkelsbühl wohl schon gegen 1180 von Kaiser Friedrich Barbarossa zur Stadt erhoben wurde, Rothenburg o.d. Tauber im späten 12. oder im frühen 13. Jahrhundert seinen ersten viertorigen Mauerring erhielt und auch in Nürnberg die ersten Stadtmauern noch im 13. Jahrhundert entstanden, brachte das 14. Jahrhundert mit dem Anwachsen der Bevölkerung schließlich auch den endgültigen Aufstieg der Städte.

Ausgesprochene Stadtgründungen sind in Franken allerdings weit seltener als im wittelsbachischen Altbayern, das in Ludwig dem Kelheimer einen wahren Städtegründer besaß. Oft entwickelte sich in Franken wie in Cadolzburg und Hilpoltstein, wie in Nürnberg, Pappenheim und Rothenburg o.d. Tauber eine Siedlung im Schutz der Burg. Doch konnte auch ein Königshof wie in Feuchtwangen, in Greding, Herzogenaurach und Weißenburg zur Keimzelle einer Ansiedlung werden, eine Brücke oder die Lage an einem viel begangenen Handelsweg wie in Hersbruck und Dinkelsbühl, selbst eine Kirche oder ein Kloster wie in Ansbach, Herrieden und Spalt, wie in Neunkirchen a. Brand.

Zur Stadt wurde eine derartige Siedlung allerdings erst dank der Rechte, die ihr der Grundherr durchaus in eigenem Interesse zugestand: brachte ihm eine Stadt ja nicht nur gesicherte Einnahmen. Ummauert war sie wie die Burg zunächst auch ein Stützpunkt seiner Macht, ein Bollwerk im Hin und Her unterschiedlichster Interessen und oft genug erbittert ausgetragener Fehden. Nicht umsonst war mit der Erhebung zur Stadt auch die Erlaubnis zum Bau eines Mauerrings verbunden und nicht umsonst galt die Stadtmauer durch die Jahrhunderte geradezu als Synonym des städtischen Gemeinwesens.

Wie beim Bau einer Burg hatte man bei der Errichtung der Stadtmauern Rücksicht auf die Entwicklung der Kriegstechnik zu nehmen. Gleichzeitig war man abhängig von den finanziellen Möglichkeiten. Manche Stadt benötigte viele Jahrzehnte um ihren Mauerring fertigzustellen, selbst wenn der Stadtherr zugunsten des Mauerbaus zeitweilig auf die Erhebung von Abgaben verzichtete oder wie der Eichstätter Bischof Friedrich von Oettingen in Greding sogar einen Teil der für den Mauerbau anfallenden Kosten übernahm. Dabei folgte der Bau einer Stadtmauer, da sie den gleichen Waffen Widerstand zu leisten hatte wie eine Burg, in etwas abgewandelter Form auch den gleichen Prinzipien wie der Burgenbau.

Bis ins 15. Jahrhundert hatte man sich vor allem gegen den Angriff von Armbrustschützen und den Einsatz von Kriegsmaschinen wie dem Rammbock (Widder) oder der Steinschleuder zu wappnen, mit der man nicht nur 15–20 Pfund schwere Steine gegen die Mauern warf, sondern auch Feuerbrände in die Burg oder Stadt schleuderte, ja selbst lebende und tote Gefangene. Der zu erwartende frontale Angriff aus der Nähe und die Verteidigung von oben bestimmten daher zunächst das Aussehen der Befestigungen. Einen einschneidenden Wandel brachte dann das Aufkommen der ersten Feuerwaffen und bald auch der ersten Geschütze: Waffen, denen die meisten Burgen auf Dauer nicht gewachsen waren und durch deren Einsatz die Städte ebenso zu durchgreifender Erneuerung der bestehenden Wehrbauten gezwungen waren, wie durch die um diese Zeit häufig schon kräftig angewachsene Zahl der Bewohner, die einen erweiterten Mauerring erforderte.

Mit Ausnahme einiger älterer Mauerabschnitte und einzelner Torbauten vor allem in Nürnberg und Rothenburg o.d. Tauber begegnen uns heute daher in erster Linie spätmittelalterliche Stadtbefestigungen. Ihre Mauern werden im oberen

Widder (Rammbock) und Steinschleuder, aus Flavius Vegatius ›Vier Bücher der Ritterschaft‹, Augsburg 1529

Kirchenburg Leinburg, Zeichnung von Karl Kolb, 1977

Bereich von einem offenen, manchmal auch gedeckten Wehrgang begleitet, von dem aus die Verteidiger einen zur Angriffsseite hin geschützten Zugang zu den in den Mauerverlauf eingefügten Schießscharten hatten. Manchmal liegt zwischen dem Mauerzug und dem Graben nur eine mehr oder minder breite freie Fläche. Wohlhabendere Städte versuchten mit der Anlage von Zwingermauer und Zwinger ein zusätzliches Hindernis zu schaffen und den vordringenden Feind in eine größere Distanz zu drängen. Den gesamten Mauerzug verstärkte man durch eine Vielzahl ausspringender Türme, die ein seitliches Bestreichen der nun bevorzugt abgeknickt angelegten Mauern ermöglichten und manchmal in Form sogenannter Schalentürme ausgebildet waren. Ihre nach innen offene Bauweise sparte Baukosten, sollte jedoch in erster Linie verhindern, daß sich ein eingedrungener Feind dort gegen die Stadt verschanzen konnte.

Die Tordurchgänge wurden mit mächtigen eisenbeschlagenen hölzernen Torflügeln, mit kräftigen Querriegeln und eisernen Fallgattern gesichert. Die Stadttore selbst waren fast immer Turmbauten, die man vom 15. Jahrhundert an oft durch Barbakanen (Vorwerke) mit umlaufendem Wehrgang verstärkte. Oft schmückte man die Tortürme an der Feldseite mit dem eigenen Wappen, sollte ihre auftrumpfende Kraft doch auch den Anspruch der Bürgerschaft demonstrieren. Später und zumal in der Barockzeit – das Herrieder Tor in Ansbach ist ein gutes Beispiel – sah man in den Stadttoren ohnehin in erster Linie eine Möglichkeit der Repräsentation.

Waren die Städter hinter ihren Mauern zwar nicht völlig sicher – schon in den Markgrafenkriegen, vor allem aber im Dreißigjährigen Krieg fiel so manche Mauer unter dem Ansturm der Feinde –, so konnten sie den meisten Angriffen doch verhältnismäßig gelassen entgegensehen. Die Marktgemeinden durften sich immerhin mit Gräben, mit Palisaden und bescheidenen Torbauten schützen. Völlig hilflos aber war man in den Dörfern allen gewalttätigen Auseinandersetzungen der hohen Herren, allen kriegerischen Ereignissen und marodierenden Horden ausgeliefert, denen nichts so sehr am Herzen lag als das Land des Gegners zu verwüsten und möglichst viel Vieh zu rauben. Den Bauern bot zunächst nur die häufig etwas erhöht gelegene, immerhin aus Stein errichtete Kirche eine Zuflucht. Vereinzelt umgab man sie zusammen mit dem Friedhof schon im 13./14. Jahrhundert als zusätzlichen Schutz für Mensch und Vieh mit einer einfachen Wehrmauer. Vor allem die Erfahrungen des Ersten Markgrafenkriegs (1449-1453), in dem Markgraf Albrecht Achilles im Kampf gegen die Reichsstadt Nürnberg nach seinem Motto ›der Brand ziert den Krieg‹ ganze Landstriche in Schutt und Asche legte, ließen jedoch wie in Effeltrich, in Hannberg und Ottensoos richtige kleine Kirchenburgen mit Mauern, Wehrgängen, Türmen und Toranlagen entstehen, in denen der Kirchturm die Rolle des Bergfrieds zu übernehmen hatte.

Der ständig verstärkten Feuerkraft der Waffen glaubte man zunächst noch wie die Freie Reichsstadt Nürnberg durch den Bau gewaltiger Basteien begegnen zu können, durch die Umwandlung von Zwingeranlagen in Geschützstellungen und durch den Bau von Festungen wie der Wülzburg bei Weißenburg, die nach den neuesten Erkenntnissen der Kriegstechnik errichtet wurden. Die Zeit des überkommenen Wehrbaus war jedoch eigentlich schon damals zu Ende.

Vom Beginn des 19. Jahrhunderts an – große Teile Frankens waren an den Bayerischen Staat gefallen – hat man Burgen und Stadtmauern reihum auf Abbruch verkauft. Allein die denkmalfreundliche Gesetzgebung König Ludwigs I. bewahrte manches vor dem Abriß. Erst als die Romantik mit ihrer Hinwendung zur Geschichte die Schönheit der mittelalterlichen Baukunst wiederentdeckte, begann man Burgen und Stadtmauern mit anderen Augen zu betrachten. Heute ist man mehr als je zuvor bemüht alles zu bewahren, was die Landschaften und Städte Frankens so anziehend und unverwechselbar macht.

Hinter der Nürnberger Stadtmauer, Stich von L. Ritter, 19. Jahrhundert

Die roten Punkte dieser Karte
verweisen auf die behandelten Orte

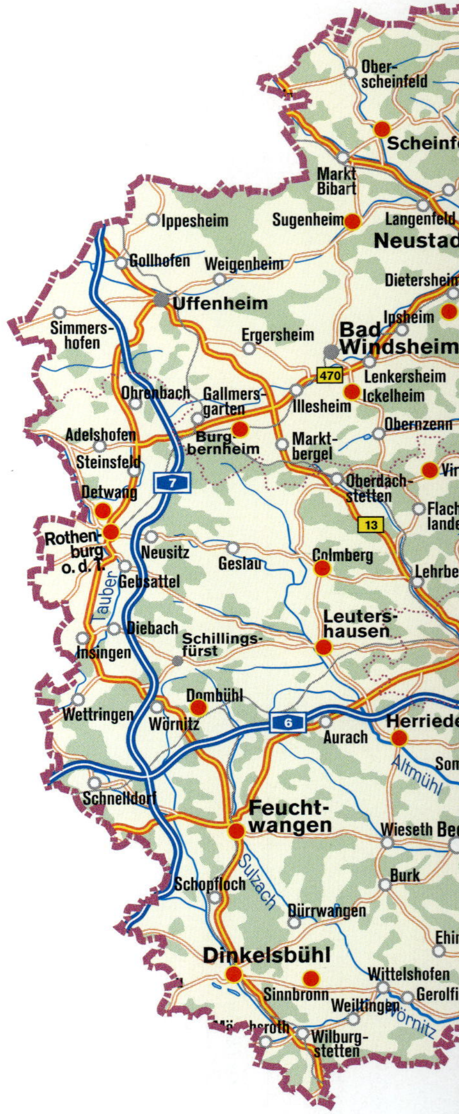

Mühl-
hausen
Wachenroth
Höchstadt
Lonnerstadt
Adelsdorf
470
Gremsdorf
Hem-
hofen
Röttenbach
Uehlfeld
Hannberg
Aisch
Dachsbach
Großen-
seebach
Gerhards-
hofen
Heßdorf
Weisendorf
Diespeck
Aurachtal
8
Wilhelmsdorf
Herzogen-
aurach
Emskirchen
Ober-
michelbach
Markt
Erlbach
Langen-
zenn
Veitsbronn
Seukendorf
FÜRTH
Wilherms-
dorf
Neuhof
a.d.Zenn
Zirndorf
Cadolzburg
Ammerndorf
Leonrod
Groß-
habersdorf
Ober-
asbach
Dietenhofen
Roßtal
Stein
Bruckberg
Heils-
bronn
14
Regelsbach
Rohr
Katzwang
Kornburg
Schwabach
Peters-
aurach
Lichtenau
Neuen-
dettelsau
Fränk. Rezat
466
Kammerstein
Windsbach
Büchenbach
Rednitz-
hembach
2
Roth
Wolframs-
Eschenbach
Abenberg
Wasser-
mungenau
13
Merken-
dorf
Georgens-
gmünd
Ornbau
Wernfels
Spalt
Rednitz
Muhr
a.See
Röttenbach
Altmühl-
see
Brombach-
see
Großlellen-
feld
Gunzen-
hausen
Pleinfeld
Sandsee
Theilenhofen
Ellingen
Ettenstatt
Gnotzheim
Dittenheim
Höttingen
Spielberg
Meinheim
Wülzburg
Burg-
salach
Nennslingen
466
Heiden-
heim
Markt
Berolzheim
Weissenburg
i.Bay.
Raitenbuch
Bech-
thal
Westhm.
Hohen-
trüdingen
Treucht-
lingen
Pappen-
heim
Polsingen
Langen-
altheim
Solnhofen
Baiers-
dorf
Effeltrich
Möhren-
dorf
Buben-
reuth
Langen-
sendelbach
Igensdorf
Marloff-
stein
Neunkirchen
a.Brand
Uttenreuth
Dormitz
ERLANGEN
Eckental
Kalchreuth
Eschenau
Herolds-
berg
Kraftshof
Neunhof
4
3
Rückersdorf
Lauf
NÜRNBERG
Fischbach
Schwaig
b.Nbg.
Leinburg
Röthenbach
a.d.Pegn.
Feucht
Winkelhaid
Altdorf
Kugel-
hammer
Schwarzen-
bruck
Grüns-
berg
Burgthann
Wendel-
stein
Schwanstetten
Allersberg
Hilpolt
stein
Main-
Heideck
Eysölden
9
Thalmässing
Röcken-
hofen
Landerzhofen
Greding
Simmels-
dorf
Schnaittach
Neunkirchen
a.Sand
Reichen-
schwand
Hersbruck
Ottensoos
Henfen-
feld
Happurg
Engelthal
Hohen-
stein
Pegnitz
Artelshofen
Kirchen-
sittenbach
Neuhaus
a.d.Pegn.
Velden
Weigen-
dorf
Alfeld

Abenberg

Burg, Stadtmauer

Gemeinde: Stadt Abenberg
Landkreis: Roth
zu erreichen: im Steinbachtal , 17 km westlich Roth
zugänglich: Hotel-Restaurant, Burghof frei
außerdem sehenswert: Klöppelmuseum im Rathaus, Kirche des Klosters Marienburg

Das an der ›Burgenstraße‹ gelegene Abenberg wurde gegen 1040 durch Wolfram von Abenberg begründet, dem Ahnherrn eines der im frühen Mittelalter mächtigsten und angesehensten Geschlechter Frankens. Waren die Abenberger, die auch in der Dichtung der Zeit auftauchen, doch Grafen im Radenzgau und im bambergischen Rangau, daneben Hochstiftsvögte von Bamberg und Schirmvögte der Klöster Banz und Theres. Zudem begegnen uns Angehörige der Familie

Burg Abenberg

mehrfach an führender Stelle im kirchlichen Bereich: als Bischof von Würzburg und Salzburger Erzbischof, als Äbtissin in Kissingen.
Als die Abenberger um die Wende des 12. zum 13. Jahrhundert ausstarben, erbten die Nürnberger Burggrafen den Besitz. Sie errichteten 1220-1250 jene beachtlich große Burganlage, die wir im Kern noch vor uns haben und die nun ein Hotel-Restaurant beherbergt, das besonders bei festlichen Anlässen gern besucht wird.
Veränderungen erfuhr die Burg bereits im 17. und 18. Jahrhundert, als man den spätgotischen, in den Mauerring einbezogenen Wohnbau aufstockte und das Burggärtlein anlegte, von dem aus sich ein beeindruckender Blick über den Ort und das südliche Umland bietet. Einschneidender aber waren – die Burg war 1806 in Privatbesitz übergegangen – die Umbauten des 19. Jahrhunderts: Vor allem die beiden Türme, die nun das Bild der Burg so weithin prägen, bekamen damals ihr jetziges Aussehen: der mächtige, wohnturmartige, mit seinem Fachwerkobergeschoß und den Eckerkern, sowie der schlanke, nordwestliche, der in seinem unteren Bereich noch aus dem frühen Mittelalter stammt. Verschwunden ist die einstige Vorburg. Deutlich erkennbar aber sind der Zwinger und der von einer steinernen Brücke überspannte tiefe Halsgraben. Aufrecht, wenn auch nicht in ursprünglicher Höhe, steht auch noch die mittelalterliche Ringmauer und das frühgotische Tor, das sich an der einspringenden südöstlichen Ecke zu einem ungewöhnlich weiträumigen Hof öffnet.
1296 verkaufte Burggraf Konrad II., der Fromme, die Burg und den zu ihren Füßen entstandenen Burgflecken an das Hochstift Eichstätt, das die Siedlung spätestens um die Mitte des 14. Jahrhunderts zur Stadt erhob. Doch hatte schon Bischof Konrad II. von Pfeffenhausen (1297-1305) mit der Ortsbefestigung begonnen. Von dieser bis zum Burgbering hinaufziehenden Stadtmauer, die im 14./15. Jahrhundert erneuert wurde, blieben außer geringen Resten nur die beiden Tore, das Obere und das Untere Tor.

Allersberg

Stadtmauer, Friedhofsbefestigung

Gemeinde: Markt Allersberg
Landkreis: Roth
nächster größerer Ort: Roth
zu erreichen: Autobahn A 9, Ausfahrt 55 Allersberg, noch 1 km
außerdem sehenswert: Ortsbild, Gilardihaus

Allersberg, Unteres Tor

Im Jahr 1254, als Allersberg zum erstenmal genannt wird, dürfte es im Besitz der Herren von Wolfstein gewesen sein, deren Stammburg nahe Neumarkt zu finden ist. Offensichtlich besaßen sie in Allersberg im Bereich der jetzigen Alten Pfarrkirche einen kleinen Burgsitz.
Kaiser Ludwig der Bayer verlieh den Wolfsteinern 1323 – der Ort scheint damals schon Lehen des Hochstifts Eichstätt gewesen zu sein – das Recht die inzwischen entstandene Siedlung mit Mauer und Graben zu umgeben. Zu einer vollständigen Befestigung ist es jedoch nie gekommen. Man errichtete zwar eine Grabenanlage und zwei Tore, verzichtete jedoch auf die völlige Ummauerung.

Heute ist allein das barock veränderte Untere Tor erhalten und auch von der mittelalterlichen Befestigung der Pfarrkirche Allerheiligen blieb nur ein niederer Mauerring.

Altdorf

Stadtmauer

Gemeinde: Stadt Altdorf
Landkreis: Nürnberger Land
zu erreichen: Autobahn A 3, Ausfahrt 90 Altdorf/Burgthann und Autobahn A 6, Ausfahrt 62 Altdorf/Leinburg, jeweils etwa 1 km
außerdem sehenswert: Stadtbild, ehem. Universität mit Brunnen von Georg Labenwolf, Wallenstein-Festspiele

Altdorf, Oberes Tor

Als Verwaltungsmittelpunkt des umliegenden Reichslandes zählte der nördlich der jetzigen Pfarrkirche gelegene einstige Königshof sicher zu den ältesten Siedlungen der Gegend. Erst im Jahr 1129 aber wird Altdorf auch namentlich greifbar. 1368 wurde ihm das Marktrecht verliehen, 1387 auch das Stadtrecht. Noch im gleichen Jahr scheint man mit dem Bau der Befestigungen begonnen zu haben, die Mitte des 15. Jahrhunderts fertiggestellt waren.

Das 16. Jahrhundert beendete die seit 1394 bestehende Herrschaft der Wittelsbacher – Altdorf ging 1504 in den bis 1806 andauernden Besitz Nürnbergs über –, es brachte die Verheerungen des Zweiten Markgrafenkriegs, aber auch die Übersiedlung des Nürnberger Gymnasiums, das sich 1622 zur Universität wandelte und den überregionalen Ruf Altdorfs begründete.

Den mittelalterlichen, nahezu ovalen Mauerring mit seinen Wehrtürmen hat man nach 1818 weitgehend beseitigt. Erhalten blieben einzelne, meist verbaute Mauerabschnitte und der nun privat genutzte Feilturm, der im 19. Jahrhundert als Gefängnis gedient hatte. Streckenweise deutlich zu erkennen ist auch die einstige Grabenanlage, in die Wasch- und Roßweiher, die beiden Weiher vor dem Oberen Tor, einbezogen waren. Am auffallendsten aber sind mit ihren mächtigen Tortürmen das Untere und das Obere Tor an den Enden der breiten Marktstraße, die Altdorfs Altstadt noch heute von West nach Ost durchzieht.

Altenmuhr

ehem. Wasserburg

Gemeinde: Muhr a. See
Landkreis: Weißenburg – Gunzenhausen
nächster größerer Ort: Gunzenhausen
zu erreichen: am nördl. Ortsrand von Muhr a. See (5 km nordöstl. Gunzenhausen a.d. B 13)
zugänglich: nein, Privatbesitz
außerdem sehenswert: Torhaus von 1757 in Muhr a. See, Vogelinsel im Altmühlsee

Schon 893 ist von einem Gehöft ›mure‹ die Rede. Seit 1169 sind dort die Herren von Muhr bezeugt, Ministerialen des Eichstätter Bischofs, die schließlich den Rang von Erbküchenmeistern des Hochstifts bekleideten. Sie errichteten im 12. Jahrhundert am Ufer der jungen Altmühl jene Wasserburg, deren Bergfried dem Schlößchen noch heu-

Altenmuhr, ehem. Wasserburg

te ein recht wehrhaftes Aussehen gibt. Dabei entstand der Hauptbau mit seinen Volutengiebeln erst zu Anfang des 17. Jahrhunderts und wurden im 19. Jahrhundert auch Zwingermauern und Wassergraben beseitigt.

Ansbach

ehem. Befestigungen

Gemeinde: Kreisfreie Stadt Ansbach
zu erreichen: an der B 13 und der B 14; Autobahn A 6, Ausfahrt 52 Ansbach, noch 5 km
außerdem sehenswert: Stadtbild u. a. mit St. Gumbertus, Schloß, Markgrafenmuseum

Ansbach geht auf die Gründung des später heilig gesprochenen Grafen Guntpert zurück, der sein Kloster im Jahr 786 Karl dem Großen übereignete. Die neben dem Kloster entstehende Siedlung scheint bereits 1165 befestigt gewesen zu sein. Im Jahr 1331 kam sie durch Kauf an die Nürnberger Burggrafen, die Onolzbach 1385 zur Residenz erhoben und sich wenig später nahe der Rezatbrücke eine Wasserburg errichteten.
Schon unter Markgraf Georg Friedrich, der 1557 an die Macht kam und als letzter das Herzogtum Preußen und die beiden fränkischen Markgrafschaften Ansbach und Bayreuth in einer Hand vereinte, begann sich das Bild Ansbachs zu ändern: Die markgräfliche Kanzlei, der Neue Bau, das Stadthaus und die Dreiturmfassade von St. Gumbertus entstanden; die Wasserburg wurde nach den Plänen des Nürnberger Stadtbaumeisters Hans Behaim d.Ä. und dessen Sohn umgebaut und beträchtlich erweitert.
Schließlich machte das 18. Jahrhundert aus der mittelalterlichen Stadt eine auf jedwede Befestigung verzichtende, barocke Residenz: Unter Markgräfin Christine Charlotte und ihrem Sohn Markgraf Karl Wilhelm Friedrich wandelte sich die einst so wehrhafte Burg zum repräsentativen Schloß. Anstelle der Gräben und Wälle entstanden von Bäumen begleitete Straßenzüge. Die Stadtmauern wurden bis auf geringe, meist verbaute Reste niedergelegt und das Herrieder Tor, das Johann David Steingruber unter Einbeziehung gotischer Bauteile 1750/1751 neu errrichtete, beschränkt sich trotz des stattlichen Torturms auf eine rein symbolische Wehrhaftigkeit.

Ansbach, Herrieder Tor

Artelshofen

Schloß

Gemeinde: Vorra
Landkreis: Nürnberger Land
nächster größerer Ort: Hersbruck
zu erreichen: im Pegnitztal, 13 km nördl. Hersbruck
zugänglich: nein, Privatbesitz

Artelshofen, das zu jenen Gütern gehörte, die Herzogin Wiltrude von Baiern im Jahr 976 dem von ihr gestifteten Kloster Bergen bei Neuburg a.d.Donau übereignete, ist damit einer der urkundlich am frühesten faßbaren Orte des oberen Pegnitztals.
Die möglicherweise bereits im frühen 14. Jahrhundert unter den Herrn v. Ortolzhofen am westlichen Ufer der Pegnitz erbaute Wasserburg blieb im Kern bis heute erhalten. Ab 1531 im Besitz verschiedener Nürnberger Patrizierfamilien, wurde das turmartige, von kräftigen Mauern umgebe-

Schloß Artelshofen

ne Gebäude zwar in der Zeit um 1550 durch die vorkragenden Obergeschosse unter dem Krüppelwalmdach vergrößert und nach den Zerstörungen des Zweiten Markgrafenkriegs (1553) auch wiederhergestellt, danach aber kaum mehr verändert. Weniger gut erging es den Befestigungen, die den festen Wohnsitz auf den Kupferstichen des 18. Jahrhunderts noch so eindrucksvoll umgeben: der mit zwei Rundtürmen verstärkten Zwingermauer, dem breiten, von der Pegnitz gespeisten Wassergraben mit der Zugbrücke und dem zweiten turmbewehrten Mauerring, der die Gesamtanlage samt ihren ausgedehnten Wirtschaftsgebäuden umgab.
Den Wassergraben hat man im frühen 19. Jahrhundert zugeschüttet, die Zugbrücke entfernt, die innere Mauer niedergelegt. Ein Turm der äußeren Ringmauer und ein Teil der Wirtschaftsbauten fielen schließlich dem Bau der Bahnlinie Nürnberg–Bayreuth zum Opfer. Trotz allem aber kann das Artelshofener Schloß mit seinem viergeschossigen Herrenhaus und der turmbewehrten äußeren Mauer noch immer als typisches Beispiel eines Nürnberger Herrensitzes gelten.

Bechthal

Burgruine

Gemeinde: Raitenbuch
Landkreis: Weißenburg – Gunzenhausen
nächste größere Orte: Weißenburg, Eichstätt, Greding
zu erreichen: vom Parkplatz an der Nebenstraße Bechthal – Tittling einige Minuten zu Fuß
zugänglich: ja

Das am Nordrand des noch heute recht ausgedehnten Raitenbucher Forsts gelegene Bechthal war Stammsitz der Herren von Pechthal, von denen seit der Mitte des 12. Jahrhunderts die Rede ist. Nachdem Konrad der Pechthaler 1353 die Hälfte seiner Eigenfeste an Konrad von Heideck übertragen hatte und sie von ihm als Lehen zurückerhielt, kam es wegen der Lehensherrlichkeit zu Streitereien zwischen den Heideckern und den Herzögen von Baiern. Schließlich verkaufte Hermann Pechthaler im Jahr 1414 seinen Sitz samt allen zugehörigen Gütern an Rüdiger von Erlingshofen. Mitglieder dieser Familie werden noch

Burgruine Bechthal

1473 als Teilbesitzer genannt, dann aber scheint die Burg mehrfach in anderen Händen gewesen zu sein, bis das Hochstift Eichstätt 1544 zunächst die eine Hälfte und 1557 auch die andere Hälfte des Besitzes erwarb.
Heute ist die im 12./13. Jahrhundert erbaute Burg längst Ruine. Höchst malerisch liegen ihre Reste auf schmalem Bergsporn über dem Anlautertal. Sehr groß war die Anlage nie. Sie besaß jedoch eine östlich gelegene und durch einen Graben geschützte, heute praktisch verschwundene Vorburg, die ein zweiter Graben von der Hauptburg trennte. Tief eingeschnittene Gräben umgaben das Rechteck der Hauptburg auch an der Süd- und Westseite, die nicht wie die Nordflanke der Burg durch den natürlichen Steilhang abgeschirmt waren. Die weitgehend zerstörte Ringmauer wuchs direkt über diesem Steilhang und den Gräben auf, an der Südseite bildete sie die Außenmauer des Palas. Wesentlich für das heutige Aussehen der Burgruine sind die Überreste eines schlanken, zum Teil bis zum dritten Geschoß erhaltenen Rechteckturms, vor allem aber der an der Eingangsseite der Burg gelegene, noch fast 30 Meter hohe quadratische Bergfried, der ganz offensichtlich zeitweilig als Wohnturm diente.

Burgbernheim

Kirchhofbefestigung

Gemeinde: Stadt Burgbernheim
Landkreis: Neustadt a.d. Aisch – Bad Windsheim
nächster größerer Ort: Bad Windsheim
zu erreichen: Autobahn A 7, Ausfahrt 107 Bad Windsheim, ca. 6 km; 2 km südl. der B 470 westl. Bad Windsheim
außerdem sehenswert: Fachwerkhäuser

Burgbernheim, sog. Seilersturm

Das gegen 720 am nördlichen Steilanstieg der Frankenhöhe entstandene Berenheim gehörte zu jenen fränkischen Königshöfen mit deren Erträgnissen die Karolinger das neu gegründete Bistum Würzburg bedachten. Früh dürfte an dieser strategisch bedeutenden Stelle auch eine Burg bestanden haben. Jedenfalls ist schon im Jahr 1000 von ›castellum et villa‹ die Rede.

Burgbernheim, das unter diesem Namen 1343 erstmals bezeugt ist, besaß wahrscheinlich seit

Burgbernheim. Torhaus der ehem. Kirchhofbefestigung

dem frühen 14. Jahrhundert Marktrechte. 1518 erhielt es auch eine städtische Verfassung. Doch wurde der Ort, der immer wieder unter schweren Kriegszerstörungen zu leiden hatte, erst im Jahr 1954 tatsächlich zur Stadt erhoben und daher auch nie ummauert.

Umso stärker war die Befestigung der am Hang über der Ortschaft gelegenen, Johannes d. Täufer geweihten Pfarrkirche, die der Burg wohl als Vorwerk diente. Möglicherweise bestand hier schon im 8. Jahrhundert eine erste Kirche. Sie soll gegen 1200 durch einen Neubau ersetzt worden sein, von dem nichts zurückblieb als das 1876 in das neugotische Langhaus eingefügte Portal, stammen doch auch Westturm (um 1300) und Chor (1443) aus späterer Zeit.

Ursprünglich war die gesamte Anlage von einem doppelten Mauerring mit dazwischen liegendem Zwinger umgeben. Die innere Mauer trug einen Wehrgang, die äußere war mit Ecktürmen verstärkt, von denen nur der nordöstliche, der sogenannte Seilersturm, erhalten ist. Propsteihaus und Karner, wahrscheinlich auch Gaden lagen innerhalb der Mauern. Den Dachboden der Kirche hat man noch im 17. Jahrhundert als Getreidespeicher genutzt.

Obwohl auch die Toranlage nicht völlig erhalten ist – vor der steinernen Brücke befand sich ursprünglich ein zweites Tor – wirkt das sogenannte Torhaus noch immer höchst beeindruckend: trägt das steinerne, wahrscheinlich spätmittelalterliche

Erdgeschoß mit der spitzbogigen Durchfahrt doch drei weitere Geschosse und einen Giebel in schönstem, 1545 entstandenem Fachwerk.

Burgruine Burgthann

Burgruine Burgthann, ehem.Palas

Burgthann

Burgruine

Gemeinde: Burgthann
Landkreis: Nürnberger Land
nächste größere Orte: Altdorf, Feucht
zu erreichen: Autobahn A 3 Ausfahrt 90 Altdorf/ Burgthann, ca. 4 km nach Süden
zugänglich: Bergfried zu den Öffnungszeiten des Museums
außerdem sehenswert: Heimat- und Kanalmuseum in der Burg (Trachten, Handwerkerstuben etc.)
geöffnet: Nov. – März am 1. So. im Monat; April – Okt. jeden 1. und 3. Sonntag im Monat; jeweils 13.30 bis 16.30

Großartig ist die Lage der Burgruine auf dem Göckelsberg. Gegen 1160 scheinen sich die Herren von Tanne – 1141 erstmals als Reichsministerialen genannt – auf diesem Bergsporn, der nach drei Seiten steil zum Schwarzachtal abfällt, einen ›festen Sitz‹ errichtet zu haben. Die Burg war kurze Zeit in Händen Herzog Ludwigs II., des Strengen, ehe sie 1288 als kaiserliches Lehen an die Nürnberger Burggrafen kam. Knapp sechzig Jahre später wurde Burgthann burggräflicher, um die Mitte des 15. Jahrhunderts dann markgräflicher Amtssitz.
Im Zweiten Markgrafenkrieg brannten die Nürnberger die unmittelbar an der Grenze ihres reichs-

städtischen Territoriums gelegene Burg nieder. Sie wurde rasch wieder aufgebaut. Nach der Verlegung des Amtssitzes im Jahr 1792 begann jedoch das Interesse der Ansbacher Markgrafen an ihrer Burgthanner Burg mehr und mehr zu erlahmen. Als dann Bayern 1806 die ganze Markgrafschaft übernommen hatte und die Eigentümer der Burg rasch wechselten, nutzte man sie bald als Steinbruch. Endgültig zu verfallen drohte sie nach dem Blitzschlag von 1897, der den Westflügel des Palas zerstörte. Die Kampfhandlungen des Jahres 1945, die ganz Burgthann in Mitleidenschaft zogen, brachten mit dem Beschuß des Torhauses in der Vorburg neue Schäden.
Erst 1988 – ein Förderverein hatte sich zusammengefunden und nahezu der gesamte Burgbereich befand sich nun im Besitz der Gemeinde – konnte man sich zielstrebig an die Sicherung und Rettung der Burgruine machen, die seit 1995 zum Teil als Museum genutzt wird. Überragt von dem mit Buckelquadern errichteten, 27 Meter hohen, runden Bergfried und umgeben von einem nahezu völlig erhaltenen Bering, wirkt die Gesamtanlage, an deren Wiederherstellung noch gearbeitet wird, durchaus eindrucksvoll.

Cadolzburg

Burg, Ortsbefestigung

Gemeinde: Markt Cadolzburg
Landkreis: Fürth
nächster größerer Ort: Fürth
zu erreichen: B 8 westl. Fürth bis Seukendorf, 4 km nach Süden
zugänglich: frei bis zum inneren Burgtor; Gesamtburg z.Z. nur bei Veranstaltungen
außerdem sehenswert: Stadtbild, Rangau-Heimatmuseum im alten Rathaus

Cadolzburg kam wahrscheinlich mit dem Abenberger Erbe in den Besitz der Burggrafen von Nürnberg. Von der aufstrebenden Reichsstadt mehr und mehr bedrängt, machten sie die im Westen Nürnbergs auf schmalem, steil abfallendem Bergsporn über dem Farrnbachtal gelegene Burg, von der 1157 erstmals die Rede ist, gegen 1400 zu ihrem Hauptsitz. Auch als die Hohenzollern unter Markgraf Albrecht Achilles gut 50 Jahre später ihre Residenz in die Wasserburg Ansbach verlegten, blieb ihnen die Cadolzburg zur Sicherung ihrer Interessen gegenüber der Freien Reichs-

Cadolzburg, Äußeres Burgtor

Cadolzburg

stadt und als markgräflich-ansbachischer Amtssitz wichtig. Im 15. und 16. Jahrhundert wurde die Burg sogar noch weiter ausgebaut. Vor allem der im Kern aus dem 13./14. Jahrhundert stammende Palas wandelte sich mit seiner Renaissancefassade, mit Zwerchgiebeln, Erker und regelmäßig verteilten Fenstern zum ›Neuen Bau‹.

Am Äußeren der Anlage änderte sich trotzdem nicht allzu viel. Beherrschend blieb der wuchtige, trutzige Charakter der Hauptburg mit ihrem

nahezu ungegliedert aus dem Doppel der Zwinger aufsteigenden, mächtigen Buckelquaderwerk der Mantelmauern.
Der Innenhof der Hauptburg wird vom Querriegel des Kapellenbaus in zwei Höfe geteilt: in den kleineren, nördlichen Wehrgangshof und in den größeren, südlichen Hof, den im Osten der ›Neue Bau‹ und im Westen der fünfeckige ›Alte Bau‹ mit der Burgküche und dem ›Ochsenschlot‹ begrenzen, diesem riesigen Rauchfang über der immerhin 2,3 x 3,2 Meter großen Herdstelle.
Dort, wo der Bergsporn nach Süden leicht ansteigend flach ausläuft und sich damit die gefährdetste Seite der Burg befand, war sie dreifach gesichert. Liegt doch hier vor dem inneren Tor mit seinem niederen Torturm und der Barbakane und vor dem tiefen Halsgraben eine ungewöhnlich ausgedehnte, durch einen zweiten Graben und das äußere Burgtor gesicherte Vorburg – nun geprägt vom Grün der Bäume und den Bauten des 18. und 19. Jahrhunderts. Als zweites Vorwerk diente gewissermaßen der anschließende Marktflecken, zumal die Zollern nach der Brandschatzung des Jahres 1449 die ursprünglich nur von einem Palisadenzaun umgebene Ortschaft vollständig ummauern ließen.
Der damals entstandene Mauerring mit dem Stadttor von 1475 ist fast vollständig, wenn auch nicht in ursprünglicher Höhe und nur mit Turmstümpfen erhalten. Weniger gut erging es der Burg, die zu den beeindruckendsten Dynastenburgen Frankens zählt. Die letzten Kriegstage machten sie 1945 zur ausgebrannten Ruine. An der Wiederherstellung der nun der Bayerischen Verwaltung der Staatlichen Schlösser, Gärten und Seen unterstehenden Anlage wird noch immer gearbeitet. Allerdings finden im Renaissancetrakt schon Veranstaltungen statt und man hofft, bis zum Jahr 2001 die gesamte Hauptburg wieder öffnen zu können. Geplant ist den ganzen ›Alten Bau‹ dann für Museumszwecke zu nutzen. In der Burgkapelle soll wenigstens eine Kopie des ursprünglichen gotischen Altars aufgestellt werden, der 1873 ins Jagdschloß Grunewald bei Berlin verbracht wurde.

Colmberg

Burg

Gemeinde: Markt Colmberg
Landkreis: Ansbach
nächste größere Orte: Ansbach, Rothenburg o.T.
zu erreichen: B 13 bis Lehrberg, Abzweig der Nebenstraße nach Rothenburg o.T., noch 7 km, Auffahrt im Ort gut beschildert
zugänglich: Hotel–Restaurant

Sehr beherrschend, wenn auch nicht besonders groß, thront die Burg Colmberg auf ihrer Felsnase über der Weite des oberen Altmühltals. Mit ihrem mittelalterlichen Baubestand – sie wurde nie erobert und zerstört – zählt sie zu den eindrucksvollsten Burgen Mittelfrankens.

Colmberg, äußeres Burgtor

Auffallend ist die mehrfache Befestigung der Kernburg, die man von Osten her durch das beim letzten Umbau im 16. Jahrhundert entstandene äußere Burgtor und vorbei an einer halbrunden Bastion erreicht. Erdwall und Graben umziehen die Anlage, dazu eine äußere Ringmauer und ein innerer Bering, der mit rund zehn Meter hohem Buckelquadermauerwerk ein unregelmäßiges

Burg Colmberg

Rechteck bildet und dessen südöstliche Ecke der Palas einnimmt.
Weit bestimmender für das Aussehen und vor allem für die großartige Fernwirkung Colmbergs als die Befestigungen und die vom 16.–18. Jahrhundert hinzugekommenen Gebäude (Gerichtsstube, Kapellentrakt mit Rittersaal, ehem. Marstall und barockes Brunnenhaus), sind die großen mittelalterlichen Bauten der Burg: Blockhaft wuchtig der dreigeschossige, doppelt unterkellerte romanisch-gotische Palasbau aus dem späten 12. und frühen 13. Jahrhundert; mächtig aufragend der im 14. Jahrhundert mit kräftigen Buckelquadern errichtete runde Bergfried. Möglicherweise waren Bergfried und Palas ursprünglich durch einen hölzernen Steg miteinander verbunden, der jenem ähnelte, der noch heute vom hochgelegenen Zugang des Bergfrieds hinüber zum Wehrgang der Nordmauer führt.
Als Reichslehen war Colmberg spätestens im Jahr 1269 in Händen der Grafen von Truhendingen. 1318 wurde der Besitz von dem Nürnberger Burggrafen Friedrich IV. erworben, dessen Eigentumsrechte Kaiser Ludwig der Bayer im Jahr darauf bestätigte. Später war die Burg Colmberg lange Zeit Sitz eines markgräflich-ansbachischen Oberamtes, dann eines bayerischen Rentamtes, bis sie gegen 1880 in Privatbesitz überging. Seit 1964 wird die Burg als Hotel-Restaurant genutzt, das sich besonders bei festlichen Anlässen großer Beliebtheit erfreut.

Dachsbach

Burgruine

Gemeinde: Markt Dachsbach
Landkreis: Neustadt a.d. Aisch – Bad Windsheim
nächste größere Orte: Neustadt a.d. Aisch, Höchstadt a.d. Aisch
zu erreichen: 8 km nordöstlich Neustadt a.d. Aisch an der B 470
zugänglich: ja

Schon im Jahr 1129 taucht ein Edelfreier von Dachsbach auf. Von der auf einem flachen künstlichen Hügel im Aischgrund gelegenen Wasserburg ist allerdings erst im Jahr 1280 die Rede, als sie dem Nürnberger Burggrafen als Pfand übereignet wurde.
Der heute am Ortsrand von Dachsbach gelegene, ungewöhnlich wuchtige viergeschossige Wohnturm ist sicher jünger. Wahrscheinlich hat man

Dachsbach, Wohnturm der ehemaligen Burg

ihn nach dem Brand von 1553 unter Verwendung von Buckelquadern errichtet, die von einem staufischen Vorgängerbau stammten. Zu dieser Zeit scheint die Burganlage, deren Besitzer recht häufig wechselten, schon recht ausgedehnt gewesen zu sein. Um 1400 war sie Mittelpunkt eines umfangreichen Amtes, dem mit Halsgericht und Galgen das Recht zustand, schwere Verbrechen abzuurteilen und zu ahnden.

Die Dachsbacher Burg wurde mehrfach erobert und niedergebrannt, so nicht nur im Bauernkrieg 1525 und im Jahr 1553. Am schwersten aber waren die Verwüstungen des Dreißigjährigen Krieges, unter dem auch die enstandene Siedlung schwer zu leiden hatte. Der einst so bedeutungsvolle Amtssitz erholte sich trotz markgräflicher Finanzhilfen nur äußerst langsam.

Die Burg, die offensichtlich aus dem von Wassergraben und Mauer umgebenen Wohnturm und einer getrennt ummauerten, von einem eigenen Wassergraben umgebenen Vorburg bestand, hat man auch zu dieser Zeit wieder aufgebaut. Der Giebel des Wohnturms wurde jedenfalls mit Backsteinen neu aufgemauert und auch das niedergebrannte Amtshaus hat man, wenn auch erst Jahrzehnte später, wieder errichtet.

Kaum weniger einschneidend waren die Veränderungen des 18. Jahrhunderts: 1700 -1701 entstand anstelle der einstigen Schloßkapelle die jetzige Pfarrkirche und gegen Ende des Jahrhunderts hat man Teile der Vorburg verbaut und ihren Wassergraben verfüllt. Heute ist der mächtige Wohnturm mit seinen kräftigen Buckelquadermauern der auffallendste und beeindruckendste Rest der einstigen Burganlage, die eine weitaus größere Fläche als den jetzigen Kirchplatz bedeckte.

Detwang

Friedhofsbefestigung, ›Schlößchen‹

Gemeinde: Große Kreisstadt Rothenburg o.d.T.
zu erreichen: im Taubertal nördl. von Rothenburg o. d.Tauber
außerdem sehenswert: romanische Kirche mit Kreuzaltar von T. Riemenschneider

Um 970, als ein Edelfreier namens Reinger – er gilt auch als Erbauer der ersten Burg auf dem Felssporn hoch über dem Taubertal – in der ›vil-

la dettwang‹ eine Eigenkirche stiftete, wird das Gebiet westlich der Frankenhöhe erstmals greifbar. Die Gegend um das heutige Rothenburg o.d. Tauber war damals im Besitz jenes fränkischen Grafengeschlechts, das auch im Kochertal begütert war und sich sowohl nach der Komburg wie nach der Rothen-Burg benannte und dem wohl auch Reinger angehörte.
Der neugegründeten Kirche übereignete Bischof Poppo von Würzburg (961-984) einen Zehntbezirk, der das ganze Gebiet um die spätere Stadt Rothenburg umfaßte. Detwang wurde so Mutterpfarrei Rothenburgs, das die kirchliche Selbständigkeit erst kurz nach 1274 erreichen konnte, obwohl es schon im frühen 12. Jahrhundert als ›befestigte Stadt‹ bezeichnet wurde.
Heute wirkt die kleine Detwanger Kirche, dieser im Kern noch romanische Bau mit seinem Chorturm und der in gotischer Zeit angebauten Totenkapelle, eher bescheiden. Von der einstigen Friedhofsbefestigung, in die das ›Klösterle‹ und die nahegelegene Mühle einbezogen waren, blieb nicht viel zurück. Mancher, der hierher kommt, um eines der großen Werke Riemenschneiderscher Kunst zu besuchen, wird den letzten Rest der einstigen Friedhofsbefestigung kaum beachten: das romanische Torhaus der Zeit um 1200 mit seinem jüngeren Obergeschoß.
Weit wehrhafter als heute dürfte auch das nahe ›Schlößchen‹ gewesen sein. Ist es doch eines jener gotischen Turmhäuser, die mit ihrem hohen, nur Schießscharten zeigenden Erdgeschoß in der Umgebung Rothenburgs gar nicht so selten waren. Bekanntestes Beispiel ist das nur einige Kilometer talabwärts gelegene Toppler-Schlößchen, jener ›steinerne Sitz zwei Gaden hoch und ein Haus darauf gebaut‹, den Rothenburgs bedeutendster Bürgermeister Heinrich Toppler in den Jahren 1386 -1388 zum Schutz der Mühlen im Taubergrund erbauen ließ.

Toppler-Schlößchen im Taubergrund

Detwang, Torhaus der ehem. Friedhofsbefestigung

Dinkelsbühl

Stadtmauer

Gemeinde: Stadt Dinkelsbühl
Landkreis: Ansbach
zu erreichen: an der B 25 (Romantische Straße); oder Autobahn A 7 Ausfahrt 112 Dinkelsbühl/Fichtenau, noch 8 km
außerdem sehenswert: Ortsbild mit zahlreichen Fachwerkhäusern und interessanten Details, Kirche St.Georg, Historisches Museum im ehem. Spital, Museum 3. Dimension in der Stadtmühle, ›Kinderzeche‹ im Juli

Von Dinkelsbühl ist anläßlich der Vermählung Herzog Konrads von Rothenburg mit der kastilischen Königstochter Berengaria im Jahr 1188 erstmals die Rede: Kaiser Friedrich Barbarossa übereignete damals seinem Sohn den staufischen Hausbesitz ›burgus Tinkelspuhel‹.
Um diese Zeit konnte die am Westrand der Wörnitzniederung gelegene, wohl schon von Graben und Wall umgebene Marktsiedlung, die nahe des Königshofs auf dem ›Hoffeld‹, einer Furt durch den Fluß und an der Kreuzung zweier wichtiger Verkehrswege entstanden war, bereits auf eine beachtliche Entwicklung zurückblicken. Friedrich Barbarossa scheint den Ort jedenfalls gegen 1180 zur Stadt erhoben zu haben und wahrscheinlich errichtete man wenig später den ovalen, im Grundriß noch heute deutlich ablesbaren ersten gemauerten Befestigungsring.

Lebendiger Kaufmannsgeist und das Können der Handwerker förderten das Selbstbewußtsein des Gemeinwesens und den schrittweisen Ausbau der städtischen Selbständigkeit. 1285, als König Rudolf von Habsburg in der Stadt weilte, zählte Dinkelsbühl schon zu den Reichsstädten. 1305 erhielt es das bessere Ulmer Stadtrecht. Kaiser Ludwig der Bayer privilegierte 1323/24 den Handel mit dem in Dinkelsbühl gefertigten, viel gerühmten ›grauen Tuch‹ und Kaiser Karl IV. gewährte neben einem Jahrmarkt (1360) auch die Ausübung des Judenschutzes (1372), der als königliches Privileg galt.

Dinkelsbühl, Stadt von Nordwesten

Im Vollgefühl ihres wirtschaftlichen und sozialen Aufstiegs machte sich die Freie Reichsstadt, gleichberechtigt regiert von Patriziern und Zünften, um 1370/1380 an den Bau eines neuen Berings. Großzügig bemessen, sollte er auch die inzwischen entstandenen, lange nur locker bebauten Außenbezirke – Segringer, Rothenburger und Nördlinger Vorstadt – umfassen. Man errichtete einen geschlossenen Mauerring mit Türmen, Basteien und vier stattlichen Toren, mit Zwinger, Wall und Graben. Wichtiger Teil der Befestigungen blieb die von jeher in den Schutz der Stadt einbezogene Wörnitz. Ihre Wirkung wurde durch die Anlage von künstlichen Weihern noch verstärkt, die auch der Fischzucht dienen konnten und die notwendige Wasserversorgung der für den Wohlstand der Stadt so wichtigen Tuchmacherei sicher stellten.
Mit der Befestigung der Stadtmühle beim Nördlinger Tor waren um 1490 die Bauarbeiten im wesentlichen abgeschlossen. 16. und 17. Jahrhundert

Dinkelsbühl, Rothenburger Tor

haben das Bestehende nur mehr erneuert und im Detail verändert. Nahezu unbeschadet konnte das zweckmäßige und wohldurchdachte Wehrsystem die Zeitläufte und selbst die Schrecken des Dreißigjährigen Krieges mit seiner achtmaligen Belagerung und der Eroberung durch die Schweden im Jahr 1632 überdauern.
Schwerwiegender wirkte sich dagegen der damals einsetzende wirtschaftliche Niedergang aus. Als Dinkelsbühl 1806 hochverschuldet an Bayern kam, begann die Stadt Teile der Befestigungen auf Abbruch zu verkaufen. Nur König Ludwig I. und seiner denkmalpflegerischen Gesetzgebung ist es zu verdanken, daß der Abriß gestoppt wurde und Dinkelsbühl uns als eine der besterhaltenen mittelalterlichen Städte Deutschlands erhalten blieb: Nahezu ungestört wirken heute Straßen, Gassen und Plätze und die wirkungsvolle Staffelung der Häuser; behäbig und doch machtvoll beherrscht die Pfarrkirche St. Georg wie seit Jahrhunderten das noch immer vom Ring seiner Mauern umhegte Gemeinwesen.

Dinkelsbühl, Salwartenturm

Es ist dieser Mauerring, der wesentlich zum unverwechselbaren Bild Dinkelsbühls beiträgt und dessen vielgliederiges fortifikatorisches System die Stadt noch immer zu beschützen scheint. Ohne Unterbrechung, wenn auch seit dem beginnenden 19. Jahrhundert streckenweise nur mehr in Höhe des Wehrgangs, umzieht er die Stadt, oft noch begleitet von den einstigen Zwingeranlagen. Wohlerhalten ist die Vielzahl der Mauertürme – allein zwischen Segringer und Nördlinger Tor sind es acht –, kaum verändert sind die vier Tore. Trotz der zum Teil fehlenden, dem Abbruch des 19. Jahrhunderts zum Opfer gefallenen Vorwerke wirken sie mit ihren hohen Türmen noch immer großartig und mächtig: das 1655 erneuerte Segringer Tor im Westen; im Norden das um 1380 errichtete Rothenburger Tor; im Osten das Wörnitztor, das noch romanische Bauteile bewahrt, und im Süden das vor 1425 errichtete Nördlinger Tor, das seinen Staffelgiebel dem frühen 17. Jahrhundert verdankt.

Dinkelsbühl, Stadtmauer beim Segringer Tor

Dinkelsbühl, Stadtmühle

Wall und Graben dienen heute zwischen Segringer Tor und Faulturm der Neuen Promenade mit ihrer prachtvollen Lindenalle und dem Stadtpark mit seinem schönen alten Baumbestand. Auf dem südwestlichen Wall begleitet die Allee der Alten Promenade zwischen Segringer und Nördlinger Tor die Mauer und die im Graben angelegten Gemüsegärten.

Die nahe dem Nördlinger Tor um 1378 errichtete Stadtmühle mit dem geschweiften Giebel der Zeit um 1600 befand sich ursprünglich außerhalb der Befestigung. Da man bald erkannte wie wichtig, zumal in Kriegszeiten, Mühlen für eine Stadt sind, haben die Dinkelsbühler um 1490 ihre Stadtmühle in die Befestigung einbezogen und sie zu einer Art Wasserburg ausgebaut. Der Wehrgang wurde durch das Innere der Mühle weitergeführt. Den besonders gefährdeten Wasserradantrieb schützte man durch ein eigenes, den Lauf des Mühlgrabens mit weitgespannten Bögen queren-

Dombühl, ehem. Kirchenburg

des Gebäude mit umlaufendem Wehrgang und zwei runden Ecktürmchen, die immerhin groß genug sind, um auch kleineren Geschützen Platz zu bieten.

Hier im Osten und Nordosten, wo der Mauerzug zwischen Stadtmühle und Faulturm von Mühlgraben und Wörnitz, von Gaul- und Hippenweiher begleitet wird, wo die Wiesen von ›Insel‹ und ›Bleiche‹ wie in alter Zeit das Vorfeld freihalten und sich Mauern, Tore und Hausgiebel im Wasser spiegeln, wirkt Dinkelsbühl am malerischsten. Hier wird aber auch besonders deutlich, welch ungewöhnlich wichtige Rolle dem Wasser im Verteidigungssystem dieser mittelalterlichen Stadt zukam.

Dombühl

ehem. Kirchenburg

Gemeinde: Markt Dombühl
Landkreis: Ansbach
nächste größere Orte: Schillingsfürst, Feuchtwangen
zu erreichen: A 6 bis Ausfahrt 49 Dorfgütingen, B 25 bis Mittelstetten, noch 1,5 km nach Nordosten; im Ort zwei Treppenwege, Zufahrt über Bahnhofstraße und Kirchenbuckweg

Beeindruckend ist schon die Lage der einstigen Kirchenburg hoch über den Häusern der Ortschaft. Ihre mit Brockenquadern errichtete Befe-

stigung dürfte noch aus dem 13. Jahrhundert stammen und ist damit um einiges älter als die jetzige, im 14. Jahrhundert erbaute und später zum Teil veränderte, dem hl. Veit geweihte Chorturmkirche.
Der Hügel, auf dem sie liegt – weithin sichtbar beherrscht er die flache Landschaft des Sulzachtals – forderte eine Befestigung geradezu heraus. Lag er doch in einem vielfach umstrittenen Gebiet, in dem nicht allein die Interessen der Bistümer Würzburg, Eichstätt und Augsburg aufeinanderprallten. So kam es immer wieder zu Angriffen, in den Jahren 1449 und 1525 auch zu Eroberungen: 1449 durch die Truppen der Reichsstadt Rothenburg, im Bauernkrieg durch die Soldaten des Markgrafen Kasimir, die den leicht ovalen Mauerring mit seinen vier Rundtürmen und dem Rechteckturm zur Hälfte schleiften und in heutiger Höhe zurückließen.

Effeltrich

Kirchenburg

Gemeinde: Effeltrich
Landkreis: Forchheim
nächste größere Orte: Erlangen, Forchheim
zu erreichen: A 73, Ausfahrt Baiersdorf Nord, noch 5 km über Poxdorf nach Osten
außerdem sehenswert: Tanzlinde, ›Fasalecken‹ im Fasching, Georgiritt und Fronleichnamsprozession (Trachten!)

Das in dem fruchtbaren Landstrich am Fuß des Hetzles gelegene Effeltrich wird im Jahr 1174 erstmals genannt. Vor allem wegen seines Brauchtums und seiner Trachten bekannt, besitzt der Ort auch eine der besterhaltenen Kirchenburgen Frankens. Sie entstand nach den üblen Erfahrungen, die das damals bambergische Dorf im Markgrafenkrieg 1449/1450 machen mußte, als ›Nürnberger Horden‹, wie der Chronist vermerkt, bei zwei Überfällen neben rund 300 Stück ›Hauptvieh‹ auch 11 Gefangene wegtrieben und man 14 Tote zu beklagen hatte.
Es dauerte allerdings noch Jahrzehnte bis man den Nürnberger Stadtwerkmeister Hans Behaim den Älteren, dessen komplizierte geometrische Steinmetzzeichen mehrfach zu finden sind, mit der Planung der Ende des 15. Jahrhunderts entstandenen Befestigungen beauftragen konnte. Um diese Zeit scheint man auch die dem hl.Georg geweihte Kirche erneuert und vergrößert zu haben, die im Kern noch aus dem 13./14. Jahrhundert stammt. Ihr Turm wurde damals durch einen Wehrgang mit der Ummauerung verbunden und so in das fortifikatorische System einbezogen. Dieses bestand – und besteht noch heute – aus einer rechteckigen Wehrmauer mit vier bis zu elf Meter hohen Ecktürmen und einem schräg gestellten Torhaus, bewacht von den in einer Nische

Effeltrich, Kirchenburg von Nordosten

über dem Portal stehenden spätgotischen Holzfiguren der Heiligen Laurentius, Georg und Sebastian.

Obwohl man 1835 den hölzernen Wehrgang bis auf einen kleinen, 15 Meter langen Abschnitt östlich des Torhauses abgetragen hat und die anfallenden Steine zum Bau des Pfarrhauses im nahen Kersbach verwendete – die Effeltricher Kirche ist erst seit 1938 Pfarrkirche –, hat sich der Charakter der spätmittelalterlichen Anlage kaum verändert. Selbst der längst zugeschüttete, jedoch unverbaute Wassergraben an der Westseite ist noch deutlich erkennbar.

Effeltrich, südl. Mauerzug der Kirchenburg mit Torhaus

Effeltrich, nordöstl. Eckturm der Kirchenburg

Ellingen

Stadtmauer

Gemeinde: Stadt Ellingen
Landkreis: Weißenburg – Gunzenhausen
nächster größerer Ort: Weißenburg
zu erreichen: an der B 2 ca. 3 km nördl. Weißenburg
außerdem sehenswert: Ortsbild, ehemaliges Deutschordensschloß

Ellingen, 899 in einer Urkunde Kaiser Arnulfs genannt und gegen 1180 als Spital gestiftet, ging im Jahr 1216 in die Hände des Deutschen Ordens über. Als Sitz der im Mittelalter ganz Süddeutschland umfassenden Ballei Franken war es länger als fünf Jahrhunderte eine seiner wichtigsten Besitzungen.

Im Jahr 1377 bekam der damalige Landkomtur Chunrat der Rueden von den regierenden bairischen Herzögen Stephan und Friedrich die Erlaubnis, die Ortschaft Ellingen mit Mauer und Graben zu umgeben und zwei Tore zu errichten. Er selbst residierte in einer Wasserburg, über deren Aussehen wir kaum etwas wissen, nachdem Markgraf Albrecht Alcibiades bei einem seiner gegen die ›Teutschen Pfaffen‹ geführten Feldzüge im April 1552 die mittelalterliche Burg und die Siedlung weitgehend vernichtete.

Nach den erneuten Zerstörungen im Dreißigjährigen Krieg – 1641 lag der Ort ›ganz wüst‹ – verlief der Wiederaufbau äußerst zögernd. Erst 1708 begann man mit der Erneuerung des schwer beschädigten, völlig ausgeplünderten Renaissanceschlosses. Zehn Jahre später wurde Karl Heinrich Freiherr von Hornstein, einer der großen Bauherrn des fränkischen Barock, Ellinger Landkomtur. Noch im gleichen Jahr legte man den Grundstein

Ellingen, Pleinfelder Tor

für einen Neubau des Schlosses. Franz Keller errichtete eine anspruchsvolle Vierflügelanlage, die mit ihrer reich bewegten, imposanten Fassade und den charakteristischen Haubendächern über den turmartigen Eckpavillons zu den originellsten Frankens zählt.
Kaum weniger bemerkenswert als die Großartigkeit dieses Schlosses, in dem das Formgefühl des österreichischen Barock ins Fränkische abgewandelt erscheint, ist das nahezu völlig ungestörte Bild der kleinen, ja winzigen geistlichen Residenzstadt, die zwar schon im 17. Jahrhundert planmäßig angelegt und wieder befestigt worden war, im wesentlichen jedoch wie das Schloß erst im 18. Jahrhundert entstand.
Von der einstigen Stadtbefestigung blieben, nachdem das Weißenburger Tor den Zerstörungen des Jahres 1945 zum Opfer fiel, nur großenteils verbaute Mauerreste zurück, vor allem aber das prächtige, im Barock errichtete und 1660 datierte Pleinfelder Tor.

Engelthal, Nordtor der einstigen Klosterbefestigung

Engelthal

ehem. Klosterbefestigung

Gemeinde: Engelthal
Landkreis: Nürnberger Land
nächster größer Ort: Hersbruck
zu erreichen: von der B 14 westl. Hersbruck ca. 4 km nach Süden

Um 1240 / 1243 stiftete der Reichsministeriale Ulrich von Königstein auf den Ländereien seiner im Hammerbachtal gelegenen Ortschaften Swinach und Engelschalksdorf ein Kloster, das er ›vallis angelorum‹, Tal der Engel, nannte.
Schon im ersten Jahrhundert seines Bestehens konnte das Kloster seinen Grundbesitz stark ausweiten, entstammten die Nonnen doch meist den adeligen Familien der Umgebung oder dem nürnbergischen Patriziat, die es mit reichen Schenkungen bedachten. Auch auf geistlichem Gebiet erfreute sich das Kloster bald einer hohen Blüte, zumal sich die Nonnen, die zwar dem Dominikanerorden angehörten, aber nach der Regel des hl. Augustinus lebten, ganz der mystischen Frömmigkeit ihrer Zeit hingaben. Im 14. Jahrhundert stand die Nonne Christina Ebner, der die mittelalterliche Frauenmystik das ›Büchlein von der Gnaden Überlast‹ verdankt – sie zählt zu den bedeutendsten Mystikerinnen ihrer Zeit in Deutschland –, wegen ihrer Visionen in so hohem Ansehen, daß selbst Kaiser Karl IV. im Jahr 1350 nach Engelthal kam, um sie kennenzulernen.
Die Blütezeit des Klosters war allerdings nicht von Dauer. Schon im Jahr 1339 hatte Kaiser Ludwig d. Bayer die Engelthaler Nonnen dem Schutz der Freien Reichsstadt Nürnberg unterstellt. Der Friede, der 1505 den Bayerischen Erbfolgekrieg beendete, brachte den Nürnbergern zusammen mit gewaltigem territorialem Gewinn auch die Vogtei über Engelthal. Da sich die Nonnen der 1525 verfügten Kloster-Aufhebung widersetzten, verbot man wenigstens die Aufnahme von Novizinnen. Vierzig Jahre später übergaben die beiden letzten Nonnen ihr verödetes Domizil dem

Nürnberger Rat. Engelthal wurde Sitz eines Pflegamts, die einstige Klosterkirche evangelisch-lutherische Pfarrkirche.
Der ursprünglich schlichte Bau dieser Kirche war schon um 1270 entstanden. Er hatte sich mit geradem Chorschluß und fehlendem Turm ganz den Vorschriften des Bettelordens der Dominikaner gefügt, wurde aber später ebenso barock umgestaltet wie die Tore des im 14. Jahrhundert entstandenen Mauerrings. Er umzog einst außer den umfangreichen Klosterbauten auch das ganze Dorf und blieb in beachtlichen Resten erhalten, obwohl 1552/1553 auch Engelthal unter den Überfällen und Brandschatzungen des Markgrafen Albrecht Alcibiades schwer zu leiden hatte. Vor allem an der Nord- und Südseite der Ortschaft sind noch längere, aufrecht stehende Mauerabschnitte zu sehen. Von den ehemals vier Toren stehen noch das 1721 erneuerte Osttor und der sogenannte Arzberger Turm: das dreigeschossige Torhaus des 1754 bezeichneten Nordtors.

Eysölden

Schloß, Friedhofsbefestigung

Gemeinde: Markt Thalmässing
Landkreis: Roth
nächster größer Ort: Hilpoltstein
zu erreichen: A 9 Ausfahrt 56 Hilpoltstein, ca. 7 km Nebenstraße nach Südwesten
zugänglich: Schloß Privatbesitz

Nach dem Aussterben der im 12. und 13. Jahrhundert ansässigen Eysöldener war ihr Gut mehrfach in anderen Händen. Obwohl die Zollern früh

Eysölden, Schloß

darangingen ihren Territorial- und Machtbereich nach Süden auszuweiten und es schon Burggraf Friedrich IV. gelang die nahegelegene Burg Stauf in seinen Besitz zu bringen – heute als Privatbesitz eine nicht zugängliche Ruine mit Resten des Palas aus dem 13. Jahrhundert und einem etwas jüngeren, verbauten Bergfried –, konnten die Ansbacher Markgrafen erst im Jahr 1539 auch Eysölden erwerben. Stauf, das seit 1372 zusammen mit dem bei Thalmässing gelegenen Landeck ein eigenes zollernsches Amt bildete, blieb Amtssitz.
Die wehrhafte spätgotische Vierflügel-Anlage des Eysöldener Schlosses wurde im frühen 17. Jahrhundert von Ernst Karl von Birkholz übernommen, dem fürstlichen Rat und markgräflichen Amtmann zu Stauf. Wenig später hatte das Schloß nur noch bürgerliche Eigentümer. Nachdem es 1685 von Hans Haidt erworben worden war, dem die Taferngerechtigkeit zugesprochen wurde, diente der Bau weit länger als zweieinhalb Jahrhunderte als Gastwirtschaft.
Heute ist zwar der einstige Torturm der beachtlich gut erhaltenen Anlage verschwunden und

Eysölden, Turm der ehem. Friedhofsbefestigung

auch die als Ökonomietrakte dienenden Flügelbauten sind großenteils modern ausgebaut. Der westlich gelegene dreigeschossige Wohnbau hat sich jedoch äußerlich kaum verändert und von den ursprünglich vier runden Ecktürmen mit ihren Spitzhelmen und Schießscharten stehen drei noch aufrecht.
Wesentlich schlechter ist es um die mittelalterliche Friedhofsbefestigung bestellt, von der nicht viel mehr zurückblieb als verbaute Mauerreste und ein zweigeschossiger Halbrundturm in wenig gutem Zustand mit Rechteck- und Schlüsselscharten.

Feuchtwangen

Stadtmauer

Gemeinde: Stadt Feuchtwangen
Landkreis: Ansbach
zu erreichen: an der B 25 (Romantische Straße);
A 7 Ausfahrt 111 Feuchtwangen, 5 km nach O;
A 6 Ausfahrt 49 Dorfgütingen, 8 km nach S
außerdem sehenswert: Ortsbild, Stiftskirche mit Kreuzgang, ›Fränkisches Museum‹ (eines der schönsten Regionalmuseen Bayerns), Sängermuseum, Kreuzgang-Spiele im Sommer

Feuchtwangen entwickelte sich aus zwei Wurzeln: Am Anfang stand das wohl schon im 8. Jahrhundert gegründete Benediktinerkloster im Tal der Sulzach, das seinen Status als Reichsabtei vielleicht einer Schenkung Kaiser Karls des Großen verdankte. Jedenfalls wird ›fiuhetwanc‹, das Kloster in den ›feuchten Auen‹, urkundlich erstmals greifbar, als Kaiser Ludwig der Fromme im Jahr 817 die Äbte aller Reichsklöster zu einer Synode nach Aachen berief.
Um das Jahr 1000 ist dann auch von einer Siedlung die Rede. Sie dürfte um den fränkischen Königshof entstanden sein, der nahe dem Kloster an einer Furt und an der Kreuzung der beiden wichtigen Straßen von Augsburg nach Würzburg und von Nürnberg nach Schwäbisch Hall lag. Wahrscheinlich hatte die Ansiedlung, die ihre erste Blüte im 13. Jahrhundert erlebte, schon in staufischer Zeit stadtähnlichen Charakter – 1241 wird

sie als königseigen, 1284 als ›oppidum‹ bezeichnet – und sicher war sie als Freie Reichsstadt auch befestigt.
Im Jahr 1376 sah sich Kaiser Karl IV. gezwungen, Feuchtwangen an den Nürnberger Burggrafen Friedrich V. zu verpfänden, der gleichzeitig auch die Vogtei über das inzwischen in ein Kollegiatsstift umgewandelte Kloster übernehmen konnte. Das Pfand wurde nie eingelöst; Feuchtwangen – Stadt und Stift – blieb Besitz der späteren Markgrafen von Ansbach, bis es 1806 zusammen mit der Markgrafschaft zu Bayern kam.
Nach den schweren Verwüstungen des Jahres 1388 durch die Dinkelsbühler, die Feuchtwangen schon knapp 80 Jahre früher einmal heimgesucht hatten, erhielt die Stadt ein neues Gesicht. Der um die Wende des 14. zum 15. Jahrhundert begonnene und sicher nicht vor 1450 vollendete neue Mauerring mit seinen drei Toren umfaßte zum ersten Mal neben der bürgerlichen Stadt der Handwerker und Händler auch den Stiftsbezirk mit seinen Kirchen und die an der Sulz gelegene Wasserburg der Stiftsvögte.

Feuchtwangen, Stadtmauer beim ehem. Unteren Tor

Feuchtwangen, Oberes Tor

Recht wohlerhalten wirkt Feuchtwangen heute rings um den großen Marktplatz, der von den Türmen der beiden Kirchen beherrscht wird und den die Häuser so stattlich, so fränkisch bewegt und schwäbisch behäbig mit Treppengiebeln und Walmdächern umstehen. Von der mittelalterlichen Ummauerung, die sich im Grundriß der Stadt noch ganz deutlich abzeichnet, blieb dagegen nicht viel zurück: Das Spitaltor brannte 1811 ab, das Untere Tor fiel 1869 als ›Verkehrshindernis‹ einer Straßenerweiterung zum Opfer, den Zwinger zwischen Stadtmauer und Sulzach hat man 1891 aufgefüllt und weite Strecken des Mauerzugs sind abgebrochen oder überbaut.
Noch verhältnismäßig gut zu sehen ist das Brokkenmauerwerk der einstigen Befestigung zwischen dem im 18. Jahrhundert veränderten Oberen Tor und der Unteren Torstraße, wo die nur noch im Mauerverlauf erkennbare Oettingische Veste lag, die Wasserburg der Stiftsvögte; vor allem aber zwischen dem Oberen Tor und der Jahnstraße, wo noch drei Mauertürme stehen und die Mauer zum Teil in voller Höhe und mit ihrem Wehrgang erhalten ist.

Greding

ehem. Kirchenburg, Stadtmauer

Gemeinde: Stadt Greding
Landkreis: Roth
zu erreichen: A 9, Ausfahrt 57 Greding
außerdem sehenswert: Ortsbild, Kirche St. Martin, Museum ›Natur und Mensch‹

Greding, das als ›curia gradinga‹ in einem Verzeichnis der fränkischen Königshöfe von 1064 / 1065 erstmals genannt wird, war ursprünglich wahrscheinlich als Reichslehen in Händen der Babenberger Markgrafen auf dem Nordgau. Kaiser Heinrich II. scheint den Besitz schon nach der folgenschweren Empörung des Babenbergers Heinrich von Schweinfurt im Jahr 1003 dem Hochstift Eichstätt übergeben zu haben. Doch kam es bis zum Jahr 1311, bis Kaiser Heinrich VII. den hochstiftischen Besitz endgültig bestätigte, immer wieder zu Ansprüchen vor allem seitens der sächsischen Markgrafen und zu mehrfachem Besitzerwechsel.

Spätestens im 12. Jahrhundert hatte sich neben dem hochgelegenen Königshof und seiner Martinskirche eine bürgerliche Siedlung entwickelt. Jedenfalls wird Greding im Jahr 1311 schon als ›feste Stadt‹ (oppidum) bezeichnet: Ganz offensichtlich war die Befestigung damals nicht mehr allein auf die ungewöhnlich starke Ummauerung der Pfarrkirche St. Martin beschränkt, deren grösseren, romanischen Neubau – fünf Geschosse des hohen Turms stammen noch vom Vorgängerbau des 11. Jahrhunderts – Bischof Otto von Eichstätt (1182-1196) geweiht hatte.

Die frühe Ummauerung der Stadt scheint allerdings nicht vollständig gewesen zu sein, vielleicht erschien sie auch zu schwach. Jedenfalls ließ der Eichstätter Bischof Friedrich von Oettingen, kaum daß er 1383 sein Amt angetreten hatte, auf seine und der Stadt Kosten eine neue, die Befestigung von St. Martin einbeziehende Stadtmauer mit drei Toren errichten. Sie wurden unter Bischof Wilhelm von Reichenau noch durch Vortore verstärkt und wahrscheinlich entstanden auch die zahlreichen Mauertürme erst unter ihm und seinem Nachfolger Gabriel von Eyb.

Der damals erbaute, im 16. Jahrhundert streckenweise erneuerte Mauerring ist noch heute für das Bild der Stadt von großer Bedeutung, die lange als bischöflich-eichstättischer Amtssitz diente. Meist bis zur Höhe des einstigen Wehrgangs erhalten und großenteils vom Stadtgraben begleitet, umfassen die Mauern nahezu ringsum das Dreieck der den Hang über dem Schwarzachtal hinaufgestaffelten Altstadt und die von alters her an höchster Stelle gelegene Kirche St. Martin. Noch stehen, teilweise bewohnt, 17 der ursprünglich 21 Befestigungstürme. Noch gewähren auch die drei Tore Einlaß in die Stadt: das Hausener Tor an der von Nürnberg kommenden Straße mit seinem 1496 bezeichneten Vortor und dem hohen, unter Friedrich von Oettingen errichteten Torturm; das Eichstätter Tor nahe der Schwarzach und das Fürstentor an der Straße von Kinding her, beide mit wappengeschmückten Vortoren und kräftigen, unter ihren Treppengiebeln eher behäbig wirkenden Tortürmen.

Greding
< Stadtmauer beim Eichstätter Tor
Stadtmauer mit Kusslerturm und Turm von St. Martin >

Großlellenfeld

ehem. Kirchenburg

Gemeinde: Markt Arberg
Landkreis: Ansbach
nächster größerer Ort: Gunzenhausen
zu erreichen: von Gunzenhausen ca. 8 km Nebenstraße nach Westen
außerdem sehenswert: Inneres der Kirche mit barocker, aus dem Kloster Rebdorf bei Eichstätt stammender Kanzel

In römischer Zeit war das Gebiet um Großlellenfeld in die Befestigung der Nordgrenze des Reiches einbezogen: Zwischen Groß- und Kleinlellenfeld verlief der Rätische Limes, der von Kelheim bis Lorch zunächst mit Palisaden und in regelmässigen Abständen errichteten Holztürmen, später durch eine bis zu eineinhalb Meter starke und bis zu drei Meter hohe Steinmauer mit davor liegendem Graben befestigt war. Unter dem Ortsverbindungsweg von Kleinlellenfeld konnte man den Verlauf einer römischen Militärstraße nachweisen und die einstigen Auxiliar-Kastelle Dambach und Gunzenhausen lagen nur ein paar Kilometer entfernt.

Großlellenfeld, Torturm der ehem. Kirchenbefestigung

Im hohen Mittelalter gehörte Großlellenfeld, das Sitz einer Urpfarrei gewesen sein dürfte, zum ausgedehnten, über ganz Franken verstreuten Besitz der Reichsgrafen von Truhendingen.
Dank der spätestens seit 1337 blühenden, inzwischen wieder erloschenen Marienwallfahrt konnte die noch von Bischof Gundekar II. von Eichstätt (1057-1075) geweihte, auf beherrschender Anhöhe über dem Ort gelegene Kirche in der 2. Hälfte des 15. Jahrhunderts durch einen größeren Neubau ersetzt werden. Bewahrt aber hat man damals die noch aus dem 14. Jahrhundert stammende Wehrmauer, die den Kirchenbereich noch heute in zum Teil beträchtlicher Höhe und ohne Unterbrechung umgibt. Einziger Zugang ist das wuchtige Torhaus, das mit seinem Mauerfalz zeigt, daß die Anlage einst auch durch Graben und Zugbrücke gesichert war.

Grünsberg

Schloß

Gemeinde: Stadt Altdorf b. Nürnberg
Landkreis: Nürnberger Land
nächster größer Ort: Altdorf
zu erreichen: A 3 Ausfahrt 90 Altdorf/Burgthann, 2 km Nebenstraße nach Süden
zugänglich: nur Wirtschaftshof (Privatbesitz)
außerdem sehenswert: ›Himmelsgarten‹ und ›Sophienquelle‹

Dichter Wald umgibt Schloß Grünsberg. Kaum zu sehen ist wie hoch und wehrhaft die Anlage auf ihrem steil abfallenden Bergsporn über dem Tal der Schwarzach thront.
›Grundesberg‹, der ›Ansitz im Grunde‹, ist seit 1234 als Besitz der Reichsministerialen von Rindsmaul nachweisbar. Im Jahr 1315 wurde Seyfried Schweppermann Mitinhaber der Burg und ihrer beträchtlichen Grundherrschaft: Hatte der ›brave Schweppermann‹, wie er später nach der Schlacht von Mühldorf genannt wurde, doch eine Rindsmaulin geheiratet. Nach dem Aussterben

Schloß Grünsberg

der beiden Geschlechter war Grünsberg in wechselndem Besitz, bis die Nürnberger die Anlage im Landshuter Erbfolgekrieg 1504 erobern konnten und niederbrannten. Sie wurde zwischen 1530 und 1561 nicht weniger wehrhaft wieder aufgebaut und befand sich von da an fest in Händen des Nürnberger Patriziats.

Am äußeren Charakter der Burg änderten auch die späteren Umbauten nicht viel, die vor allem der nürnbergische Obrist J.P. Paumgartner 1710 bis 1725 als Herr auf Grünsberg vornehmen ließ und die Grünsberg zum Schloß machten. Billard- und Turmbau wurden damals unter Verwendung älteren Mauerwerks errichtet, vor allem aber paßte man die Innenräume mit Stuckdecken und Einrichtung dem Geschmack der Zeit an.

Nicht ganz zwei Jahrzehnte später ging Grünsberg durch Heirat an Carl Christoph Stromer von Reichenbach über, der einem der bedeutendsten und unternehmungsfreudigsten Patriziergeschlechter Nürnbergs entstammte: Ulman Stromer hatte 1389 die erste deutsche Papiermühle gegründet; Sigmund Stromer brachte 1424 auf Wunsch Kaiser Sigismunds die Reichskleinodien von Ungarn nach Nürnberg, verborgen unter einer Ladung gesalzener Fische, ausgegeben als Warensendung des Handelshauses Stromer.

Grünsberg ist noch heute im Besitz der Familie. Nach Beseitigung der Kriegsschäden von 1945 umziehen die Mauern mit ihrem überdachten Wehrgang wie eh und je die Burg in geschlossenem Bering, unterbrochen nur durch die in die Mauerflucht eingefügten Gebäude: den dreigeschossigen nördlichen Hauptbau mit seinem über den Bering vorspringenden Turmbau und den östlichen Wirtschaftstrakt mit dem ausspringenden Billardbau. Noch immer durch Mauern und Torhaus gesichert ist auch der vorgelagerte Wirtschaftshof: die ehemalige, ursprünglich durch einen Halsgraben geschützte und seit dem 18. Jahrhundert über eine steinerne Brücke erreichbare Vorburg.

Gunzenhausen, Diebsturm

Gunzenhausen

Stadtmauer

Gemeinde: Stadt Gunzenhausen
Landkreis: Weißenburg – Gunzenhausen
zu erreichen: am Schnittpunkt von B 13 und B 466
zugänglich: den 1980 renovierten Diebsturm kann man von Mai bis September an Sonn- und Donnerstagen von 10 – 16 Uhr ersteigen
außerdem sehenswert: ›Museum Gunzenhausen‹ im ehem. Zocha-Palais

Der breite, bis in die jüngste Zeit häufig überschwemmte Talboden der oberen Altmühl, in dem Gunzenhausen liegt, war bereits in vorgeschichtlicher Zeit besiedelt. Später errichteten die Römer hier, wo der Rätische Limes die Altmühl querte, einen ihrer Militärstützpunkte. Urkundlich wird ›Gunzinhusir‹ im Jahr 823 greifbar: Kaiser Ludwig der Fromme schenkte damals der Abtei Ellwangen ein Kloster, das wahrscheinlich im Bereich des im 3. Jahrhundert zerstörten römischen Kastells lag.

Als Burkart von Seckendorff 1349 das Lehen übernahm, wurde die Siedlung, die sich parallel zum Fluß entwickelt hatte, bereits als Stadt bezeichnet. Wahrscheinlich bestanden um diese Zeit auch Befestigungen, die allerdings nicht überdauerten. Selbst die spätere, im 14./15. Jahrhundert unter den Nürnberger Burggrafen und späteren Markgrafen von Ansbach errichtete Stadtmauer ist nur in Resten erhalten. Hatten die Gunzenhausener doch schon nach dem Dreißigjährigen Krieg begonnen die Mauern als Steinbruch zu benützen. 1816 plante man ihren völligen, nur durch König Ludwig I. zunächst gestoppten Abriß, dem fünfzig Jahre später aber nicht mehr viel entging.

Die einst an der Nordspitze der Stadt gelegene Burg – wie Ausgrabungen ergaben eine 22,35 x 11,45 Meter große Wehrturmanlage – wurde schon 1552 als ›öde Hofstatt‹ bezeichnet. Nun blieben auch vom langgestreckten Rechteck der mittelalterlichen Ummauerung mit ihren durch

Hannberg, Schlupftürchen im Torhaus der Kirchenburg

ausspringende Palisadenreihen zusätzlich geschützten Türmen und den drei Toren nur das sogenannten Weberseck zurück, ein kleines wiederhergestelltes Stück der Wehrmauer beim einstigen Weißenburger Tor; dazu der im wesentlichen 1603 entstandene Blasturm des Ansbacher Tors und der 31, 5 Meter hohe Färber- oder Diebsturm, der im 14. Jahrhundert als Teil der Doppelanlage des Weißenburger Tors mit kräftigen Bukkelquadern errichtet wurde.

Hannberg

Kirchenburg

Gemeinde: Heßdorf
Landkreis: Erlangen – Höchstadt
nächste größere Orte: Erlangen, Forchheim, Herzogenaurach
zu erreichen: A 73 Ausfahrt Erlangen–Nord, 7 km Nebenstraße über Dechsendorf und Heßdorf
außerdem sehenswert: das schöne Fachwerk des 1711 innerhalb der Befestigung errichteten Pfarrhauses

Hannberg liegt mitten im ausgedehnten Weihergebiet des Aischgrunds. Wahrscheinlich stand auf der flachen Anhöhe, auf der heute eine der besterhaltenen Kirchenburgen Frankens liegt, schon im 11. Jahrhundert eine kleine Turmhügelburg. Die ersten urkundlich nachweisbaren Besitzer von ›Hagenenberhe‹, die Herdegen von Gründlach, erscheinen allerdings erst 1132.
Danach vergehen mehr als 200 Jahre, bis zum ersten Mal auch von einer Kapelle in Hannberg die Rede ist. Sie unterstand noch der alten Urpfarrei Büchenbach: Ist in Hannberg doch erst um 1480, als man daranging auch die jetzige, in der Barockzeit veränderte Kirche zu errichten, eine eigenständige Pfarrei nachzuweisen. Bald gehörten zu ihr zahlreiche Orte der Umgebung.
Den Bau der Ende des 15. Jahrhunderts entstehenden Kirchenbefestigung scheint nach den schrecklichen Erfahrungen des Ersten Markgrafenkriegs – im Norden Nürnbergs wurden zwischen 1449 und 1451 mehr als 30 Dörfer eingeäschert – auch

Hannberg, nordöstlicher Mauerturm der Kirchenburg

die Freie Reichsstadt Nürnberg gefördert zu haben, die das Patronat über Hannberg innehatte und in der Umgebung mehrfach begütert war. Möglicherweise war sogar der Nürnberger Stadtwerkmeister Hans Behaim d. Ä. mit der Planung beauftragt.
Die weitgehend unverändert erhaltene Anlage ist von beachtlicher Größe. Mit einer Ausdehnung von 50 x 70 Metern bedeckt ihr mit leicht gebukkelten Quadern errichteter rechteckiger Bering fast ein Viertel des alten Dorfkerns. Drei runde und ein quadratischer Wehrturm mit zahlreichen Schießscharten verstärken die noch immer bis zu acht Meter hohen Mauern. Wohlerhalten ist neben dem ursprünglich als Karner dienenden sogenannnten Mesnerturm an der Südseite – nun als Ölbergkapelle und Kriegergedächtnisstätte genutzt – auch das den Häusern der Ortschaft zugewandte Torhaus mit seinem eisenbeschlagenen

Holztor und dem Schlupftürchen, durch das zu spät Kommende noch Einlaß fanden.
In die Verteidigung einbezogen war selbst der 47 Meter hohe mächtige Kirchturm. Im dritten Obergeschoß durchbrechen zahlreiche Schießscharten sein glattes, mehr als einen Meter starkes Mauerwerk und die am Ansatz des achteckigen Turmhelms angebrachten vier Scharwachttürmchen – gerade groß genug für einen Mann – ermöglichten mit ihrer umfassenden Rundsicht ein frühzeitiges Erkennen herannahender Gefahren.

Hannberg, Kirchenburg

Henfenfeld

Schloß

Gemeinde: Henfenfeld
Landkreis: Nürnberger Land
nächster größerer Ort: Hersbruck
zu erreichen: von der B 14 westlich Hersbruck ca. 1 km
zugänglich: Innenhof nur werktags
außerdem sehenswert: Pfarrkirche mit Glasgemälden des 13. Jhs. und Pfinzing-Grabmälern

Burg und Grundherrschaft Henfenfeld – seit 1132 dem Hochstift Bamberg zugehörig – werden als Besitz einer zwischen 1235 und 1382 mehrfach genannten, zunächst bambergischen Ministerialenfamilie gleichen Namens erstmals greifbar. Ulrich von Henfenfeld verkaufte 1372 seine Burg an die Herren von Breitenstein. Sie war danach in mehrfach wechselndem Besitz bis die Herrschaft 1530 von der Nürnberger Patrizierfamilie Pfinzing übernommen wurde: War es der Freien Reichsstadt Nürnberg im Jahr 1504 doch gelungen, dank des Landshuter Erbfolgekriegs ihre Besitzungen weit nach Osten auszudehnen.

Im Zweiten Markgrafenkrieg ließ Markgraf Albrecht Alcibiades 1553 auch die Henfenfelder Burg bis auf die Grundmauern niederbrennen. Wenig später wurde die Anlage von den Pfinzing auf dem flachen, über dem östlichen Ortsrand spornartig ausgreifenden Höhenrücken in ihrer heutigen Gestalt wieder aufgebaut. Zum Teil über Mauerresten des 12. Jahrhunderts errichtet, umgeben seither Torhaus, Palas und Flügelbauten, der Treppenturm im Eck zwischen Palas und Nordflügel – erst 1624 hinzugekommen – sowie die übrigen niedrigeren Bauteile einen unregelmäßig geformten Innenhof. Allein die Zugbrücke, die ursprünglich den im Osten vorgelegten zehn Meter breiten Graben überwand, hat man später durch eine gemauerte Brücke ersetzt.

Nach dem Aussterben der Pfinzing von Henfenfeld (1764), die sich als Patronatsherrn der Henfenfelder Kirche als kunstsinnige Gönner erwiesen hatten, ging das Schloß erneut mehrfach in andere Hände über. Zuletzt wurde es von einer

Schloß Henfenfeld

privaten Klinikträgergruppe erworben, die das schon im 18./19. Jahrhundert veränderte Innere den Erfordernisssen einer modernen Verwaltung anpaßte, die Gesamtanlage aber vorbildlich erneuerte.

Herrieden

Stadtmauer, ehem. Burg

Gemeinde: Stadt Herrieden
Landkreis: Ansbach
nächster größerer Ort: Ansbach
zu erreichen: A 6 Ausfahrt 51 Herrieden, 4 km nach Süden
außerdem sehenswert: Ortsbild, ehem. Stiftskirche

Die Kirche St. Martin auf dem ursprünglich befestigten Hügel im Nordosten Herriedens dürfte noch vor 780 entstanden sein. Weit wichtiger als die ihr zugehörige bürgerliche Siedlung, deren Pfarrkirche sie bis 1807 blieb, war zunächst das Kloster, das der fränkische Adelige Cadolt gegen 780 stiftete. Ungewöhnlich reich dotiert und rasch an Bedeutung gewinnend – erster Abt war der

dem königlichen Hof nahestehende Theutgar (Deocarus) –, zählte die Neugründung 817 bereits zu den Klöstern, die Kaiser Ludwig der Fromme zur Synode aller Reichsabteien nach Aachen berief. Im Jahr 888 schenkte König Arnulf das Benediktinerkloster dem Eichstätter Bischof Erchanbold. Lehensvögte des bald in ein Kollegiatsstift umgewandelten Klosters waren zunächst die Grafen von Oettingen, deren 1122 auftauchende Burg noch außerhalb der im Jahr 1298 erstmals als Stadt bezeichneten Ortschaft lag. Ob Herrieden um diese Zeit bereits befestigt war ist nicht klar. Jedenfalls wurden Stadt und Burg 1316 in einer Strafaktion König Ludwigs des Bayern – im Kampf um die Erbschaft der Grafen von Hirschberg war er im Jahr zuvor in Herrieden nur knapp einem Anschlag entgangen – völlig zerstört.

Erst nach der Aussöhnung der Gegner konnte man in der Stadt mit dem Wiederaufbau beginnen. Nach 1340 entstand unter dem Eichstätter Bischof Heinrich V., Schenk von Reicheneck, auch die jetzige Stadtmauer. In ihren Verlauf hat man die ehemals oettingische Burg als nordöstliches Bollwerk einbezogen, befand sich ganz Herrieden doch inzwischen in unbestrittenem Besitz des Hochstifts.

Heute ist es um dieses sogenannte Alte Schloß, das seit 1802 vom privaten ›Brauhaus Herrieden‹ genutzt wird, nicht allzu gut bestellt. Nach der erneuten Zerstörung im Dreißigjährigen Krieg wieder aufgebaut und später mehrfach verändert und von Bränden heimgesucht, war es zunächst bischöflicher Amtssitz, diente dann aber schon unter den Fürstbischöfen von 1658 an als Brauerei. Weit besser steht es um den im späten 15. Jahrhundert verstärkten Mauerring, der allerdings zum Teil überbaut wurde. Auch Zwinger und Graben, die das Oval der Stadt im Grundriß so deutlich umziehen, sind dank Kleingärten und Grünanlagen vor allem im Süden und Westen gut erkennbar. Selbst die heute Wohnzwecken dienende ›Fronveste‹, dieser Mauerturm, den man nach 1415 durch einen halbrunden Vorbau gegen Kanonenbeschuß sicherte und der bis zum Jahr 1901

< Herrieden, Stadtmauer beim Storchenturm

als Gefängnis diente, verrät noch etwas von der einstigen Wehrhaftigkeit der Gesamtanlage. Am eindrucksvollsten aber wirkt die Herrieder Stadtmauer dort, wo seit der Barockzeit eine steinerne Brücke die ursprünglich in die Befestigung einbezogene Altmühl quert und der Storchenturm – wie seit Jahrhunderten brüten auf ihm alljährlich die Störche – mit seinem kräftigen Buckelquadermauerwerk den Eingang in die Altstadt bewacht.

Hersbruck

Stadtmauer, ehem. Schloß

Gemeinde: Stadt Hersbruck
Landkreis: Nürnberger Land
zu erreichen: A 9 Ausfahrt 49 Lauf–Hersbruck, an der B 14
außerdem sehenswert: Ev. Pfarrkirche mit got. Flügelaltar, Spitalkirche, ›Deutsches Hirtenmuseum‹

Wiltrude, die Witwe Herzog Bertholds von Baiern, übergab im Jahr 976 ihre Besitzungen auf dem Nordgau dem bei Neuburg a.D. gelegenen Kloster Bergen, das sie gestiftet hatte und als dessen erste Äbtissin sie amtierte. Zum Schutz dieser Ländereien und wohl auch des Flußübergangs errichtete man nahe der Pegnitz eine Burg.

Namen und frühe Bedeutung verdankt Hersbruck allerdings nicht dieser ›Alten Feste‹, sondern jener ›Brücke des Haderich‹, die im Zug der schon in karolingischer Zeit wichtigen Handelsstraße von Regensburg nach Forchheim die Pegnitz querte: Jedenfalls ist von ›Haderihesprucga‹ die Rede, als Kaiser Heinrich II. das Gebiet im Jahr 1011 seinem neu gegründeten Bistum Bamberg übereignete. 1057 erhielt die aufblühende Siedlung Marktrechte; um 1360 durch Kaiser Karl IV., unter dem der Straßenzug von Prag nach Nürnberg an Bedeutung gewann, auch das Stadtrecht. Schon Pfalzgraf Rudolf – Hersbruck befand sich mit kurzer Unterbrechung seit 1268 im Besitz der Wittelsbacher – hatte den Hersbruckern in den Jahren 1313 und 1329 erlaubt, um den Markt ›einen Graben auszuheben und einen guten Zaun darauf zu setzen‹. In der Zeit der Hussitenüberfälle errichtete man dann einen steinernen,1444 vollendeten Befestigungring mit drei Toren, dessen stärkstes Bollwerk die im Südosten gelegene Burg war.

Im Jahr 1504 konnte die Freie Reichsstadt Nürnberg, die große Gewinnerin des Landshuter Erbfolgekriegs, auch Hersbruck erobern, das bis zum Jahr 1806 eines ihrer wichtigsten Pflegämter blieb. Die ›Alte Feste‹ wurde Sitz eines nürnbergischen Pflegers und erhielt um 1620 die heutige Gestalt. Da es sich um diese Zeit noch um einen Wehrbau handelte, lag die Planung zunächst beim Nürnberger Zeugmeister Matthes Pfeffer, doch scheint der Stadtwerkmeister Jakob Wolff d.J. entscheidenden Einfluß auf die Gestaltung der hufeisenförmigen, von Graben und Zwinger umgebenen Anlage mit den beiden Treppentürmen genommen

Hersbruck, Wassertor

zu haben, die zunächst nur über eine Zugbrücke erreichbar war.

Weniger gut als das im Äußeren nur geringfügig veränderte ehemalige Schloß ist der spätgotische Mauerring erhalten. Nur einzelne Abschnitte der ca. 1,5 m starken und fünf bis sechs Meter hohen Bruchsteinmauer, deren nach Innen offener Wehrgang in einer Höhe von etwa zwei Metern verlief, blieben samt Graben unverbaut und sind wie beim Schloß und im Norden der Altstadt noch gut zu sehen. Auch von den einst sieben bastionsartigen Rundtürmen steht nur noch einer aufrecht, der längst Wohnzwecken dient. Ziemlich unversehrt sind dagegen die hohen Türme der drei Toranlagen, die im 19. Jahrhundert ihre Vorwerke und Zugbrücken verloren: der Nürnberger Torturm im Westen, der Hohenstädter Torturm im Nordosten und der Wassertorturm im Osten, den man mit seinen sechs Geschossen 1601/1602 nach altem Vorbild neu aufbaute.

Herzogenaurach

Stadtmauer

Gemeinde: Stadt Herzogenaurach
Landkreis: Erlangen – Höchstadt
zu erreichen: A 3 Ausfahrt 82 Frauenaurach, 6 km nach Westen
außerdem sehenswert: Stadtmuseum

Der 1002 erstmals genannte, wahrscheinlich seit dem 8. Jahrhundert bestehende Königshof ›Uraha‹ (Aurach) kam als Geschenk Kaiser Heinrichs II. im Jahr 1021 an das Bistum Bamberg. Möglicherweise waren es die Herzöge von Andechs-Meranien – der Name Herzogen–Aurach spricht dafür –, die in der 1. Hälfte des 13. Jahrhunderts

Hersbruck, ehemaliges Schloß

Herzogenaurach, Fehnturm

unterhalb der erhöht gelegenen und getrennt befestigten Bezirke um die bambergische Amtsburg und die Pfarrkirche eine bürgerliche Siedlung gründeten. Sie zog sich entlang der Aurach hin, wurde im Jahr 1346 ausdrücklich als Stadt bezeichnet und war um diese Zeit bereits ummauert. Rund hundert Jahre später errichtete man einen neuen Mauerring, der auch die inzwischen entstandenen Vorstädte einbezog.

Obwohl Herzogenaurach alle kriegerischen Verwicklungen glimpflich überstand, blieben von der mittelalterlichen Stadtmauer mit ihren drei Toren und von den ursprünglichen Befestigungen der Kirche und des im Barock neu erbauten bambergischen Amtssitzes nur weitgehend verbaute Reste zurück. Allein Fehnturm und Türmersturm, die beiden mächtigen Tortürme des Unteren und des Oberen Tors mit ihren Scharwachttürmchen und den kräftigen Buckelquadern ihres Mauerwerks, zeigen noch etwas vom einstigen Anspruch dieser Stadt, die bis zum Jahr 1802 eine der wichtigsten Besitzungen des Hochstifts Bamberg im südlichen Franken blieb.

Herzogenaurach, Türmersturm

Hilpoltstein

Burgruine, Stadtmauer

Gemeinde: Stadt Hilpoltstein
Landkreis: Roth
nächster größerer Ort: Roth
zu erreichen: A 9 Ausfahrt 55 Allersberg, 8 km nach Süden
zugänglich: mit Ausnahme der ehem. inneren Vorburg frei; Bergfried: April – Oktober an Samstagen, Sonn- und Feiertagen von 10.00–12.00 und 13.30–18.00 Uhr
außerdem sehenswert: Ortsbild, barockisierte Pfarrkirche

Hilpoltstein, die ›Stadt datz dem Stein‹, taucht zum ersten Mal in einer Urkunde des Jahres 1345 auf und noch lange – selbst in Aufzeichnungen des 16. Jahrhunderts – heißt es einfach ›Stein‹, wenn von der Burg die Rede ist oder von der Stadt, die wahrscheinlich von Hilpolt I. oder Hilpolt II. im frühen 14. Jahrhundert planmäßig angelegt wurde. Beide entstammten dem angesehenen Geschlecht der Herren von Stein, die seit der Mitte des 13. Jahrhunderts als Reichsministerialen nachweisbar sind. Ihr gegen 1250 vollendeter, an Stelle eines älteren, mehrfach veränderten Vorgängerbaus auf hochgelegenem Fels entstandener Stammsitz überragt bis heute – noch als Ruine höchst eindrucksvoll – die Häuser der Stadt.

Nach dem Aussterben der Herren von Stein im Jahr 1385 verkauften ihre Erben die Herrschaft Hilpoltstein an die Herzöge von Baiern-Landshut. 1505 kam sie an die Junge Pfalz und 1606 wurde die Burg Witwensitz der Pfalzgräfin Maria Dorothea. Sie ließ die innere Vorburg umgestalten, besonders aber den beschwerlichen mittelalterlichen Zugang zur zehn Meter über der Vorburg gelegenen Hauptburg – nur über eine im Fels verlaufende Zugtreppe war der obere Burghof zu erreichen – durch einen neuen Treppenturm mit prächtigem Renaissance-Portal ersetzen. Über seine flach ansteigende Rampe ›zum Gehen und Fahren‹ konnte man damals – die jetzige Treppe ist modern – sogar hoch zu Roß in den Innenhof kommen.

Hilpoltstein, Eingang zum Treppenturm der ehem. Burg

Nach dem Tod der Pfalzgräfin und vor allem nachdem der 1619 begonnene Bau der neuen Residenz unten in der Stadt fertiggestellt war, wurde die Burg ziemlich vernachlässigt. 1879 richtete man in der inneren Vorburg ein Krankenhaus ein. Die Hauptburg aber wurde schon 1707 als Steinbruch benutzt. Erst 1989–1994 ließ der Landkreis Roth die Reste der annähernd rechteckigen Anlage aufwendig sanieren: die über dem rötlichen Fels aufsteigenden Quadermauern des einstigen Palas, das Treppenhaus und den mächtigen Bergfried, in dessen drei Meter dicken Mauern noch immer die Turmfalken brüten. Weit öffnet sich von oben der Blick hinaus ins Land.

Die an der Nordseite der Stadt gelegene Burg war von Anfang an in die mittelalterliche, im Grundriß noch deutlich erkennbare Befestigung Hilpoltsteins einbezogen. Erhalten aber haben sich nur einzelne, bis zu vier Meter hohe Abschnitte dieses mit großen Sandsteinquadern im 14. Jahrhundert errichteten Berings, hat man doch die beiden Tore ebenso abgebrochen wie die Mauertürme, von denen nur noch einer aufrecht steht.

Burgruine Hilpoltstein

Burg Hoheneck

Hoheneck

Burg

Gemeinde: Markt Ipsheim
Landkreis: Neustadt a.d. Aisch – Bad Windsheim
nächste größere Orte: Neustadt a.d. Aisch, Bad Windsheim
zu erreichen: von Ipsheim (B 470) ca. 5 km Nebenstraße
zugänglich: nur im Außenbereich; die Gesamtanlage kann auf einem Wanderweg umrundet werden

Im Jahr 1132, als Dietmar von Hoheneck als Zeuge in einer Stiftungsurkunde des Klosters Heilsbronn genannt wird, taucht der Name der auf einem Bergsporn über dem Aischgrund gelegenen Burg zum ersten Mal auf. Vom 13. Jahrhundert an sassen dort Ministerialen der Nürnberger Burggrafen, die bestrebt waren, ihre Herrschaft im Rangau weiter auszubauen. Im Konflikt mit der Stadt Windsheim, die sich schließlich nahezu völlig von zollernschen Territorien eingeschlossen sah, wurde Hoheneck 1381 von den Windsheimern zerstört. Sie mußten die Burg schon im Jahr darauf wieder aufbauen. Doch brachten die Jahre 1461 und 1553 neue Zerstörungen, 1553 wurde sogar der Bergfried gesprengt. Danach verging mehr als ein Jahrhundert, bis der Ansbacher Markgraf Christian Ernst 1664 die Ruine der ursprünglich rings um einen Binnenhof geschlossenen Anlage bis auf den Bergfried und die Bauten der Nord- und Ostseite wieder instandsetzen ließ. Bayern – seit 1810 im Besitz von Hoheneck – verkaufte im Jahr 1866 die Hälfte der Burg auf Abbruch. Erst nach 1920 ging man daran, die im Kern noch aus dem 13./14. Jahrhundert stammende Anlage endgültig zu retten.

Heute wachsen über den großenteils erhaltenen Böschungen und Futtermauern der einstigen Graben- und Zwingeranlage ringsum wieder die Mauern der den Burghof umgebenden Gebäude empor, die zum Teil noch die alten Fenster und Bossenquader zeigen. Restauriert hat man auch

das Brunnenhaus des 16. Jahrhunderts mit dem großen Tretrad und dem rund 90 Meter tiefen Brunnenschacht.
Hoheneck – seit 1947 im Besitz der Stadt Nürnberg – wird nun als Jugendbildungsstätte genutzt. Längst ist die Burg, die der bedeutendsten Ipsheimer Weinlage den Namen gab, zum Wahrzeichen der Gegend geworden.

Hohenstein

Burgruine

Gemeinde: Kirchensittenbach
Landkreis: Nürnberger Land
nächste größere Orte: Schnaittach, Hersbruck
zu erreichen: A 9 Ausfahrt 47 Hormersdorf, 6 km nach Süden oder B 14 bis Altensittenbach, 10 km Nebenstraße nach Norden
zugänglich: an Sonntagen, wenn auf der Ruine eine Flagge gehißt ist; an Werktagen kann man zwischen 8 und 18 Uhr im Lebensmittelgeschäft nahe dem Aufgang (etwa 10 Min. Fußweg) den Schlüssel zum Burgtor bekommen. In den Wintermonaten geschlossen.

Wie verwachsen mit dem steil abfallenden Fels thront die vermutlich schon im 11. Jahrhundert gegründete, für das Jahr 1163 bezeugte Burg Hohenstein auf der höchsten Erhebung der ganzen nördlichen Frankenalb.
Ursprünglich Sitz eines Vogts der Grafen von Sulzbach, wechselte Hohenstein bis zum Beginn des 16. Jahrhunderts mehrfach den Besitzer: Mit dem Bamberger Truchsessenlehen kam die Herrschaft an die Hohenstaufen. Sie gehörte den Wittelsbachern und Kaiser Karl IV., der in diese seine ›neuböhmische Feste‹ 18 Mann als Besatzung legte, und fiel schließlich nach mancherlei hin und her wieder zurück an die bayerischen Herzöge.
Als dann die Freie Reichsstadt Nürnberg, die durch den Landshuter Erbfolgekrieg schon die Ämter Altdorf, Hersbruck, Lauf und Velden in ihren Besitz gebracht hatte, daranging ihre Territorien im Osten der Stadt weiter abzurunden, gehörte auch Hohenstein zu den Neuerwerbungen.

Burgruine Hohenstein

10 000 Gulden zahlten die Nürnberger im Jahr 1505 für die Herrschaft Reicheneck und die Hohensteiner Burg samt allem was zu ihr gehörte. Knapp fünfzig Jahre später brannte Markgraf Albrecht Alcibiades im Zweiten Markgrafenkrieg auch Hohenstein nieder. Die Burg wurde bald wieder aufgebaut, für den Nürnberger Pfleger aber errichtete man unterhalb der Anlage ein neues Gebäude. Auch nach dem Brand, der 1590 die ganze Ortschaft heimsuchte, hat man die von Graben, Zwinger und Mauer umgebene Burg weitgehend wiederhergestellt, die damals aus einer Unterburg mit Torturm und Pflegschloß und der Oberburg mit dem hohen Bergfried, dem dreigeschossigen Palas, der dreigeschossigen Kapelle und weiteren Gebäuden bestand.
Erst nachdem Nürnberg samt all seinen Besitzungen 1806 bayerisch geworden war und der Staat in Hohenstein einzelne Bauten auf Abbruch verkaufte, begann man die Burg als Steinbruch zu nutzen. Nachdem 1840 und 1864 auch noch Teile der Palasmauern einstürzten, wurde eine der bedeutendsten Burgen der Gegend endgültig zur Ruine: zu einer Ruine allerdings, die selbst in ihrer jetzigen Gestalt beeindruckt und die dank ihrer Lage einen der umfassendsten und weitreichendsten Ausblicke der Alb und des ganzen Landstrichs bietet.

Hohentrüdingen

Burgruine

Gemeinde: Höttingen
Landkreis: Weißenburg–Gunzenhausen
nächste größere Orte: Wassertrüdingen, Gunzenhausen, Treuchtlingen
zu erreichen: 11 km südlich von Gunzenhausen Abzweig von der B 466 nach Osten, noch 3 km Nebenstraße

Das edelfreie Geschlecht der Truhendinger ist seit 1113 bezeugt. Um diese Zeit oder nur wenig später dürfte auch ihr Stammsitz auf dem an drei Seiten steil abfallenden, nach Westen zum Tal der Wörnitz ausgreifenden Bergsporn des Hahnenkamms entstanden sein. Obwohl die späteren Reichsgrafen im 12./13. Jahrhundert und zumal als Allodialerben der 1248 aussterbenden Grafen von Andechs-Meranien zu den größten Grundbesitzern Frankens zählten, war die Familie um die Mitte des 14. Jahrhunderts schon so verschuldet, daß sie Hohentrüdingen mehrfach verpfänden und um 1340 den Grafen von Schaumburg überlassen mußte. Die nach 1404 endgültig im Besitz der Markgrafen befindliche Burg wurde 1440 Sitz eines Ansbacher Oberamts.

Burgruine Hohentrüdingen

Als die Burg 1812 auf Abriß verkauft wurde, beschlossen die Bewohner der Ortschaft wenigstens den Bergfried zu bewahren, der schon im 18. Jahrhundert einen kleinen polygonalen Aufsatz für die Glocken der Burgkapelle erhalten hatte.
Heute erinnert nur noch dieser mächtige, 27 Meter hohe, quadratische Bergfried, der als Glockenturm der 1817-1819 entstandenen Kirche dient, an die einstige Burg der Truhendinger. Mit seinem sorgfältig gearbeiteten, an der Basis fast vier Meter starken Buckelquader-Mauerwerk und der noch immer vorhandenen, in neun Metern Höhe befindlichen ursprünglichen Einstiegsöffnung läßt er noch etwas ahnen vom Aussehen einer Burg, die einst als ›schöner Bau mit hohem Turm und zwei Innenhöfen‹ bezeichnet wurde.

Ickelheim

Ortsbefestigung

Gemeinde: Stadt Bad Windsheim
Landkreis: Neustadt a.d. Aisch – Bad Windsheim
nächster größerer Ort: Bad Windsheim
zu erreichen: ca. 4 km südl. Bad Windsheim
außerdem sehenswert: ehem. Amtshaus des Deutschen Ordens

Die Kirche des im fruchtbaren Aischgrund gelegenen Königshofs Ickelheim gehörte zu jenen reichen Schenkungen mit denen der Hausmeier Karlmann im Jahr 741 das Bistum Würzburg bedachte. Als Erben der staufischen Reichsvogtei verkauften die Grafen von Hohenlohe den Ort 1259 an die Nürnberger Burggrafen. Doch übereignete ihn Konrad der Fromme schon 35 Jahre später dem Deutschen Orden, dem seine drei Söhne beigetreten waren.
Obwohl die Zollern bis 1754 immer wieder Ansprüche auf die einträgliche Ortschaft erhoben, der auch die Lage an der ›Ickelheimer Steige‹ zugute kam, blieb Ickelheim bei der Ballei Franken bis es zusammen mit der Kommende Virnsberg 1806 von Bayern übernommen wurde.
Nie zur Stadt erhoben, mußte Ickelheim auf einen festen Mauerring verzichten. Doch umzog man den Ort, der mehrfach unter Kriegszerstörungen zu leiden hatte, wenigstens mit Palisaden, Wall und Graben. Erst im frühen 18. Jahrhundert entstanden die beiden gut erhaltenen Torbauten, deren Wehrhaftigkeit von Anfang an wohl eher symbolischer Art war.

Ickelheim, Unteres Tor

Kirchensittenbach, Torhaus der Friedhofsbefestigung

Kirchensittenbach

Friedhofsbefestigung

Gemeinde: Kirchensittenbach
Landkreis: Nürnberger Land
nächster größerer Ort: Hersbruck
zu erreichen: von Altensittenbach westl. Hersbruck 7 km Nebenstraße nach Norden
außerdem sehenswert: Kirche mit Glasgemälden von 1611

Die Herren von Sittenbeck scheinen schon im 12./13. Jahrhundert am Sittenbach, einem Nebenflüßchen der Pegnitz, eine Wasserburg besessen zu haben. Mitte des 14. Jahrhunderts ging sie in den Besitz der Erlbecken von Siming über. Doch

verkaufte Klaus Erlbeck – die Freie Reichsstadt Nürnberg hatte 1505 das ganze Umland erworben – seine Burg 1569 an Jobst Tetzel, der einem bedeutenden, seit 1343 im Rat der Stadt vertretenen und sogar in Kuba engagierten Patriziergeschlecht angehörte. Jobst Tetzels Sohn ließ sich an der Stelle der alten Burg ein Schlößchen bauen, das als Landsitz gedacht war und von Anfang an auf alle Wehrhaftigkeit verzichtete.
Umso stärker befestigt war der dem Schloß gegenüberliegende Kirchenbezirk. Nachdem das Dorf schon 1391 im Städtekrieg gebrandschatzt worden war und 1450 im Ersten Markgrafenkrieg von den Nürnbergern erneut niedergebrannt wurde, beschloß man offensichtlich noch im 15. Jahrhundert den etwas erhöht gelegenen Friedhof mit einer kräftigen Mauer zu umgeben. Sie umschloß nicht allein die im Kern romanische Pfarrkirche, sondern auch das Pfarrhaus, die alte Schule und das der Mauer aufsitzende Frühmesserhaus und besaß ursprünglich zwei Torhäuser – erhalten nur das nordöstliche – aber keinen Wehrgang.

Kugelhammer, ehem. Hammerschloß

Kugelhammer

ehem. Hammerschloß

Gemeinde: Markt Wendelstein
Landkreis: Roth
nächste größere Orte: Feucht, Nürnberg
zu erreichen: B 8 bis zum Abzweig Wendelstein – Röthenbach b. St.Wolfgang; am östl. Ortsanfang von Röthenbach
außerdem sehenswert: Ludwig-Donau-Main-Kanal (alter Kanal) mit Brückkanal über den Gauchsbach, Reste der Wolfgangskapelle

Um 1330 befand sich hier eines jener zahlreichen Zeidelgüter, die im Nürnberger Reichswald die Waldbienenzucht betrieben und Nürnberg zu des ›Heiligen Römischen Reichs Bienengarten‹ und zur Stadt der weitum geschätzten Honig- und Lebkuchen machten.
Seinen Namen verdankt das so romantisch auf steilem Fels über der Schlucht des Gauchsbachs gelegene Schlößchen allerdings dem befestigten Hammerwerk, das spätestens seit der Mitte des 14. Jahrhunderts bestand. Der Hammer wurde 1552 im Zweiten Markgrafenkrieg schwer in Mitleidenschaft gezogen, scheint jedoch bald weitergearbeitet zu haben: Jedenfalls ist im Jahr 1576 von einem Kugelschmied in Röthenbach die Rede. Erst der Bau des Ludwig-Donau-Main-Kanals, der das Besitztum durchschnitt und die Wasserführung des Gauchsbachs veränderte, brachte das inzwischen völlig verschwundene Hammerwerk Mitte des 19. Jahrhunderts zum Erliegen.
Das heutige Schloß Kugelhammer, dieser dreigeschossige, hoch über dem Gauchsbach aufragende quadratische Sandsteinbau, der bei den Einheimischen auch Gugelhammer heißt, ließ Hans Nützel von Sündersbühl 1607/08 als wehrhaftes Hammerhaus errichten. 1678 kam die Anlage in den Besitz von Johann Carl Schlüsselfelder, der den Kugelhammer 1709 in seine Familienstiftung einbrachte. Sie verwaltet das im 17. und 18. Jahrhundert im Inneren zum Teil veränderte Schloß samt den zugehörigen Waldungen und den niederen, innerhalb der Ummauerung gelegenen

Wirtschaftsbauten bis heute – darunter das sogenannte Taglöhnerhaus aus dem späten 18. Jahrhundert mit seinem Uhrtürmchen.

Landerzhofen

Friedhofsbefestigung

Gemeinde: Stadt Greding
Landkreis: Roth
nächster größerer Ort: Greding
zu erreichen: westl. Greding, 3 km Nebenstraße
außerdem sehenswert: ›Christus und Thomas‹, Figurengruppe (um 1340) in der Kirche

Wahrscheinlich hat man die dem hl. Thomas geweihte Landerzhofener Kirche – ein im Kern romanischer Bau des 12./13. Jahrhunderts – erst im 15. Jahrhundert befestigt. Die damals entstandene, den Friedhof umziehende Mauer ist nicht in voller Höhe erhalten und wurde im Westen durch die barocke Erweiterung der Kirche auch unterbrochen. Doch der kräftige zweigeschossige Torturm mit seinen Schlüsselscharten und der hochgelegenen ursprünglichen Einstiegsöffnung verrät noch viel von der Wehrhaftigkeit der mittelalterlichen Anlage.

Landerzhofen, Torhaus der Friedhofsbefestigung

Lauf, Nürnberger Tor

Lauf

sog. Wenzelschloß, Stadtmauer

Gemeinde: Stadt Lauf a.d. Pegnitz
Landkreis: Nürnberger Land
zu erreichen: A 9 Ausfahrt 50 Lauf a.d. Pegnitz oder 49 Lauf/Hersbruck; 17 km östl. Nürnberg an der B 14
zugänglich: Wenzelschloß nur für Angehörige der Akademie frei zugänglich; der Wappensaal kann nach vorheriger Anmeldung beim Stadtarchiv oder bei den im Sommer jeden Mittwoch stattfindenden kostenlosen Stadtführungen besichtigt werden (Treffpunkt Hersbrucker Tor 14.30 Uhr)
außerdem sehenswert: Ortsbild, Spital, Städtische Sammlungen, Gewerbe- und Frühindustriemuseum

Am Beginn steht die Burg, die im frühen 12. Jahrhundert von staufischen Reichsministerialen nahe der hier ungewöhnlich kräftigen Stromschnellen (loufe) auf einer künstlichen Insel in der Pegnitz errichtet wurde. Ursprünglich auf dem Alten Rothenberg sitzend, nannte sich das Geschlecht von da an ›de Loufe‹. Neben einer Ansiedlung am rechten Flußufer entstanden im Schutz der Burg die ersten Mühlen und Hammerwerke, die das hier besonders starke Gefälle des Flusses nutzten und die Entwicklung Laufs zur Industriestadt vorzeichneten: 1334 arbeiteten neben den vier Mühlen, die das baierische Salbuch von 1275 aufführt, bereits sechs Hämmer und 200 Jahre später war an den vier Wehren eine Vielzahl wasserkraftgetriebener Werke in Betrieb.

Der Ort – noch vor der Mitte des 13. Jahrhunderts war neben die dörfliche Bebauung eine planmäßig angelegte Marktsiedlung getreten – blühte rasch auf. Zugute kam ihm auch die Lage an der Straße von Böhmen nach Nürnberg, die den Gründer ›Neuböhmens‹ Kaiser Karl IV. im Jahr 1353 bewog, die spätestens seit 1275 in Händen der Wittelsbacher befindliche Örtlichkeit zu erwerben und zu fördern. Schon zwei Jahre später verlieh Karl IV. den Laufern die Stadtrechte, ein eigenes Siegel und eine eigene Münzstätte. Vor allem aber ließ er an der Stelle der 1301 zerstörten Burg zwischen 1356 und 1360 das sogenannte Wenzelschloß errichten. Die Anlage mit ihren, um einen kleinen Innenhof unregelmäßig angeordneten, durch eine starke Ringmauer miteinander verbundenen Bauten ist wegen der beengten Insellage

Lauf, Judenturm

nicht besonders groß. Doch verät schon das sorgfältige Bossenquaderwerk aller Außenmauern den Anspruch der ursprünglich von einem Bergfried mit 3,4 Meter starken Mauern überragten Wasserburg. Besonders eindrucksvoll aber war die Qualität der kaiserlichen Wohn- und Schlafräume im Obergeschoß des Palas: gehört doch der erhaltene Wappensaal, des ›Kaisers Kammer‹, mit dem Fries der mehr als 110 in zwei Reihen angeordneten, in den Stein gehauenen und kolorierten Wappen, die Hofstaat und Hausmacht Karls IV. dokumentieren, zu den bedeutendsten profanen Raumschöpfungen der ausgehenden Gotik in Franken.

Mit dem Bau der Stadtbefestigung scheint man schon kurz nach 1355 begonnen zu haben. Sie war im Jahr 1373, als Lauf wieder wittelsbachisch wurde, sicher noch nicht vollendet, bestand aber schließlich aus einem etwa sieben Meter hohen und 1,7 Meter starken Mauerzug mit gedecktem Wehrgang und drei Toren. Nach 1430 hat man diese Mauer, der ringsum ein Graben vorgelegt war – eine Ausnahme machte nur die durch die Pegnitz geschützte Südseite – auch noch mit der Wehrmauer des Schlosses verbunden. Trotz allem aber boten die Befestigungen im Jahr 1504 dem Eroberungswillen der Nürnberger nicht genug Widerstand. Lauf fiel und blieb bis zum Übergang an Bayern im Jahr 1806 im Besitz der Freien Reichsstadt. Sie ließ 1539 den Mauerring nach den Plänen des in Nürnberg tätigen Festungsbaumeisters Antonio Fazuni modernisieren. Doch auch danach war er offensichtlich nicht stark genug: 1553 gelang es den Truppen des Markgrafen Albrecht Alcibiades die Stadt einzunehmen und die Burg zu brandschatzen.

Stadtmauer und Burg, deren fortifikatorische Bedeutung lange unumstritten war und die der Rat der Stadt Nürnberg immer wieder erneuern ließ – drei Jahrhunderte hindurch diente das Schloß den Nürnberger Pflegern – blieben trotzdem bis ins 19. Jahrhundert im wesentlichen unverändert. Erst der bayerische Staat verkaufte die Stadtmauer 1819 auf Abbruch. Es war sogar vorgesehen, den mächtigen Torturm des Schlosses abzureißen,

Lauf, sog. Wenzelschloß

dessen Inneres man schon 1806 ohne alle architektonische Rücksicht den Erfordernissen eines bayerischen Rentamts angepaßt hatte. 1849 fiel schließlich das Wasser- oder Tränktor dem Bau der Pegnitzbrücke zum Opfer.

Heute erinnern außer Mauer- und Grabenresten nur noch der Hersbrucker und der Nürnberger Torturm (bez. 1476 und 1526) sowie der Judenturm – der mächtigste, wohl noch im 15. Jahrhundert auch zum Schutz des Schlosses erbaute und nun bewohnte Batterieturm Laufs – an die einstige Befestigung der Stadt. Das von der Akademie der Bildenden Künste Nürnberg genutzte Wenzelschloß aber hat trotz aller späteren Veränderungen den Charakter eines spätmittelalterlichen Wehrbaus eindrucksvoll bewahrt: es ist die weitaus bedeutendste Wasserburg des ganzen Pegnitztals geblieben.

Leinburg, westliche Friedhofmauer

Leinburg

Friedhofsbefestigung

Gemeinde: Leinburg
Landkreis: Nürnberger Land
nächste größere Orte: Lauf, Röthenbach
zu erreichen: A 6 Ausfahrt 62 Altdorf/Leinburg, 7 km Nebenstraße nach Nordwesten
außerdem sehenswert: Wirtshausschild (Goldene Krone) am Gasthof ›Braugewölbe‹

Als Filiale von Rasch, der im Schwarzachtal gelegenen Urpfarrei des Gebiets um Altdorf, wird Leinburg schon 1308 genannt. Die heutige, 1945 bei einem Fliegerangriff ausgebrannte und wenig später wiederhergestellte Chorturmkirche ist ein im Kern spätmittelalterlicher Bau.
Um die gleiche Zeit dürfte auch die Friedhofsbefestigung entstanden sein, die mit ihren kräftigen Sandsteinquadern – sie zeigen zum Teil noch die alten Zangenlöcher – an drei Seiten ohne Unterbrechung und in einer Höhe von drei bis vier Metern erhaltenen ist. Teilweise sind sogar noch die Auflager des einstigen Wehrgangs zu sehen. Nur an der nördlichen, dem Ort zugewandten Zugangsseite hat man schon im 17. Jahrhundert das Doppelhaus für den Kantor und den Mesner errichtet, das mit seiner stichbogigen Durchfahrt zugleich als Torhaus dient und an der Rückseite innerhalb des Berings einen mit Fachwerk errichteten Treppenturm besitzt.

Leonrod

Burgruine

Gemeinde: Markt Dietenhofen
Landkreis: Ansbach
nächste größere Orte: Heilsbronn, Ansbach
zu erreichen: nordwestl. Heilsbronn, ca. 14 km Nebenstraßen

Das Ministerialengeschlecht von Leonrod taucht im 13. Jahrhundert auf: 1235 ist von einem Rudolf ›miles de Lewenrode‹ die Rede; 1278 wird ein Johannes von Leonrod zusammen mit seinem Bruder Gottfried von Buttendorf genannt.
Ihre auf einem flachen Bergsporn über dem Biberttal gelegene Wasserburg dürfte von Anfang

Leonrod, westliche Mauer der Burgruine

Burgruine Leonrod

an von Ganerben genutzt worden sein. Jedenfalls erhalten Albrecht III. von Leonrod und sein Bruder Hans im Jahr 1327 gemeinsam die Erlaubnis nahe der Burg eine Kapelle zu stiften und zehn Jahre später wird Albrecht III. durch den ältesten bekannten Leonroder Lehensbrief von Graf Ludwig VI. von Oettingen nicht mit der ganzen Burg, sondern nur mit dem ihm gehörenden Anteil belehnt.

Die Gesamtanlage, die bis ins 17. Jahrhundert nur geringfügige Veränderungen erfuhr, besaß ursprünglich eine im Westen gelegene, durch einen Halsgraben geschützte ausgedehnte Vorburg, in der auch die Kapelle lag. Ein zweiter, noch vorhandener Halsgraben trennte sie von der nur über eine Zugbrücke erreichbaren Hauptburg. Jenseits der Zwingermauer mit dem Torhaus, die beiderseits des südwestlichen Rundturms zum Teil erhalten ist, drängten sich um den mächtigen Bergfried und die beiden Innenhöfe vier Gebäude. Ihre Mauern bildeten ringsum zugleich die grossenteils mit Buckelquadern aufgeführte Außenmauer der Hauptburg.

Die Leonroder Burg hat alle kriegerischen Ereignisse und selbst den Dreißigjährigen Krieg ohne größere Schäden überstanden. Sie ging erst in Flammen auf als man 1651 das ringsum emporgewachsene Gestrüpp niederbrennen wollte. Danach wurde die Burg nicht wieder aufgebaut. Zumal die Herren von Leonrod, die sich zwischen 1544 und 1625 bevorzugt in Schwaben aufhielten und 1678 nach einem Brudermord ihres fränkischen Besitzes teilweise verlustig gingen, im Jahr 1684 endgültig auf die Ruine verzichteten.

Die Kapelle und das sogenannte Jägerhaus in der einstigen Vorburg sind wieder aufgebaut. Wenig gut aber ist der Zustand der selbst als Ruine beeindruckenden, vom Grün völlig überwucherten Hauptburg mit ihrem noch immer rund 20 Meter hohen Bergfried und dem auffallenden Erkerunterbau an der westlichen Außenwand, der das verwitterte Wappen der Leonrod zeigt.

Leutershausen

Stadtmauer, ›Altes Schloß‹

Gemeinde: Stadt Leutershausen
Landkreis: Ansbach
nächster größerer Ort: Ansbach
zu erreichen: westl. Ansbach, 9 km Nebenstraße
außerdem sehenswert: ›Altes Schloß‹ mit Heimatmuseum und Flughistorischem Museum Gustav Weißkopf

In der Urkunde, mit der Kaiser Otto III. im Jahr 1000 die Grenzen des Wildbanns festhalten ließ, den er dem Würzburger Bischof Heinrich verliehen hatte, ist zum ersten Mal von der Siedlung im Tal der oberen Altmühl die Rede. Sie wurde möglicherweise schon 1180 zur Stadt erhoben, wird jedoch erst im Jahr 1318, als der Nürnberger Burggraf Friedrich IV. Leutershausen samt allen Rechten und Gütern erwirbt, ausdrücklich als solche bezeichnet. Früh scheint man einen von einem Graben begleiteten Mauerring mit zwei Toren errichtet zu haben. Jedenfalls wurde die Befestigung bereits 1407 erweitert und mit einem zweiten, auch der Fischzucht dienenden Graben umgeben, den man dann vom 18. Jahrhundert an großenteils überbaute.

Leutershausen, Barbakane des Oberen Tors

1594 kaufte der Ansbacher Markgraf Georg Friedrich die ursprünglich im Besitz der Schenken von Leutershausen, später der in Franken weitum begüterten Herren von Seckendorff befindliche Veste. Sie lag im Norden der Stadt noch innerhalb der Befestigungen und war Sitz des Stadtvogts bis Markgraf Joachim Ernst 1624 an ihrer Stelle den mächtigen dreigeschossigen Satteldachbau des Getreidekastens mit seinen hohen Fachwerkgiebeln, dem Ladeerker und dem runden Treppenturm errichten ließ, den man bald als ›Altes Schloß‹ bezeichnete.
Obwohl Leutershausen in den letzten Kriegstagen des Jahres 1945 schwere Schäden erlitt, hat sich das Bild der Altstadt nicht wesentlich verändert. Noch immer wird ihr Oval von der mittelalterlichen Bruchsteinmauer – im Norden findet sich sogar ein Rest des gedeckten Wehrgangs – mit Zwinger und Graben umzogen. Erhalten sind auch die beiden Tore: das einfachere Untere Tor mit seinem niederen Torhaus und dem Rundturm, der zeitweilig als Gefängnis diente; und das Obere Tor mit seiner Barbakane, das nach 1945 wieder aufgebaut wurde und an dessen Innenseite man den Grabstein mit der lebensgroßen Reliefgestalt des 1605 verstorbenen Stadtvogts Hans Schreiber in voller Rüstung einmauerte.

Lichtenau

Festung, Stadtmauer

Gemeinde: Stadt Lichtenau
Landkreis: Ansbach
nächster größerer Ort: Ansbach
zu erreichen: A 6 Ausfahrt 53 Lichtenau, 3 km nach Westen
zugänglich: Hof und Wallanlage

Im früh besiedelten Gebiet um die Fränkische Rezat hatten auf einer Insel im Fluß schon die staufischen Reichsvögte von Dornberg eine Burg errichtet. Sie kam im späten 13. Jahrhundert in den Besitz der Herren von Heideck, die Burg und Markt samt zugehöriger Grundherrschaft im Jahr 1406 zu ungewöhnlich hohem Preis der Freien Reichs-

Festung Lichtenau

stadt Nürnberg verkauften. Der Rat der Stadt ließ die Wasserburg verstärken und rasch zu jenem Bollwerk inmitten der zollernschen Ländereien ausbauen, das für die Ansbacher Markgrafen allein schon wegen der Nähe zu ihrer Hauptstadt eine stete Herausforderung blieb.

Im Jahr 1552 konnte Markgraf Albrecht Alcibiades, ein kämpferischer, verwegener Fürst mit ungeheuerem Anspruch, der halb Franken in Schutt und Asche legte, seine Erblande verlor und in der Reichsacht starb, Lichtenau zwar im Sturm nehmen, die Siedlung niederbrennen und die Burg schleifen. Doch sechs Jahre später begannen die Nürnberger die Veste trotz heftiger markgräflicher Proteste nach den abgewandelten Plänen ihres Festungsbaumeisters Antonio Fazuni weit stärker und nach modernem bastionärem System wieder aufzubauen. Die Fertigstellung des mehrfach auch tätlich bedrohten Baus zog sich bis zum Jahr 1630 hin. Doch entstand trotz dieser langen Bauzeit und der Mitwirkung mehrerer Baumeister eine geometrisch klar gegliederte und beachtlich geschlossene, nicht allein fortifikatorische, sondern auch ästhetische Anforderungen erfüllende Anlage. Mit der wuchtigen Buckelquadermasse ihrer fünf unregelmäßig ausspringenden Bastionen, mit Wällen, Kasematten und drei Kavalieren, mit den typisch nürnbergischen Rundtürmen des insgesamt doch recht bescheidenen Schloßbaus, wurde Lichtenau – durchgehend aus grobkörnigem, hellem Sandstein errichtet – zum wohl markantesten Wehrbau der Renaissancezeit in ganz Franken.

Obwohl der anschließende Marktort erst nach 1734 durch einen eigenen Mauerring mit zwei Toren – das Obere Tor von 1749 jetzt verbaut –

und einer heute zum Teil eingeebneten und überbauten Zwingeranlage befestigt wurde, erscheinen Festung und Markt durchaus als Einheit. Lichtenau, das bis 1806 nürnbergisch blieb, bewahrt so nicht nur eine Kostbarkeit der frühen Festungsarchitektur, der die spätere Nutzung als Zuchthaus nicht viel anhaben konnte – heute beherbergt das Schloß eine Außenstelle des Staatsarchivs Nürnberg –, sondern ist auch das ungewöhnlich gut erhaltene Beispiel eines Festungsorts des 17./18. Jahrhunderts.

Markt Erlbach

Ortsbefestigung

Gemeinde: Markt Erlbach
Landkreis: Neustadt a.d. Aisch – Bad Windsheim
nächste größere Orte: Bad Windsheim, Neustadt a.d. Aisch, Langenzenn
zu erreichen: Nebenstraßen 18 km ab Bad Windsheim; 11 km ab Langenzenn und 11 km ab Neustadt a.d. Aisch
außerdem sehenswert: Rangau-Handwerker-Museum im ehem. Dekanatsgebäude

Von einer Kirche ›ad erlabach‹ ist im Jahr 815 anläßlich eines Zehntstreits zwischen Bischof Wolfgang von Würzburg und Abt Ratgar von Fulda zum ersten Mal die Rede. Mitte des 12. Jahrhunderts lag das Patronat über die Kirche – sie ist inzwischen Mittelpunkt eines großen Sprengels – bei den Burggrafen von Nürnberg, denen 1282 schließlich der ganze Fiskalbezirk als Reichslehen zufiel.

Die Zollern scheinen ihren Amtssitz Erlbach nach Kräften gefördert zu haben. Trotzdem entwickelte sich der Ort nur langsam, erwies sich doch die Lage an der alten Heerstraße von Nürnberg nach Windsheim vielfach als Nachteil: Nie zur Stadt erhoben und nur von Wall und Wassergraben umgeben, war Erlbach allen kriegerischen Ereignissen besonders hilflos ausgeliefert.

Heute ist von der einstigen, im Grundriß noch deutlich ablesbaren Marktbefestigung kaum noch etwas zu sehen. Erhalten blieb allein das östliche Torhaus, das nun neben der ausgebauten Durchgangsstraße steht und im 17./18. Jahrhundert in mehreren Bauabschnitten errichtet wurde. Mit dem großen, farbig gefaßten Sandsteinwappen des Fürstentums Brandenburg-Bayreuth über dem Torbogen erinnert es an die Zeit als Erlbach zwischen 1719 und 1810 dem Bayreuther Unterland um Neustadt a.d. Aisch angehörte.

Markt Erlbach, Torhaus

Merkendorf

Stadtmauer

Gemeinde: Stadt Merkendorf
Landkreis: Ansbach
nächste größere Orte: Ansbach, Gunzenhausen
zu erreichen: an der B 13 (11 km südl. der A 6 Ausfahrt 52 Ansbach)
außerdem sehenswert: Ortsbild, Heimatmuseum

Merkendorf, lange Sitz der Heilsbronner ›Propstei Altmühl‹, war die einzige Stadt, die diesem gut ausgestatteten Kloster mit seinen weit verstreuten Besitzungen gehörte. Dabei ist Merkendorf, das schon im 12. Jahrhundert genannt wird, keineswegs eine Heilsbronner Gründung. Erst von

Merkendorf, südliche Stadtmauer >

ehem. Klosterkirche Münchsteinach

der Mitte des 13. Jahrunderts an konnten die Heilsbronner Äbte von den im Dorf begüterten Grundherrn nach und nach fast die ganze Ortschaft erwerben.
Merkendorf war bereits rund ein halbes Jahrhundert fest in der Hand des Klosters, als Kaiser Wenzel im Jahr 1398 Abt Stromer die Erlaubnis gab, den Ort mit einem Graben zu umgeben. Wenig später und zumal nachdem Kaiser Sigismund dieses Privileg 1424 bestätigt hatte, scheint man mit dem Bau eines festen Mauerrings begonnen zu haben. Jedenfalls war er um die Mitte des 15. Jahrhunderts im wesentlichen vollendet.
Obwohl Merkendorf im Dreißigjährigen Krieg nahezu völlig niederbrannte und auch im April 1945 schwere Schäden erlitt, ist die mittelalterliche Befestigung fast lückenlos erhalten. Noch immer wird der nahezu quadratische Ortskern, der mit seiner lockeren Bebauung den einstigen Charakter eines fränkischen Ackerbürgerstädtchens keineswegs verleugnet, von der Bruchsteinmauer des 15. Jahrhunderts mit ihren meist ausspringenden Rund- und Vierecktürmen umzogen. Der davorliegende Graben, der entlang des südlichen Mauerzugs sogar Wasser führt, ist nur an wenigen Stellen überbaut und auch die im 18. Jahrhundert erneuerten, eher bescheiden wirkenden drei Tore stehen noch: das Obere und das Untere Tor an der nordsüdlich verlaufenden Hauptstraße und das im Osten gelegene Taschentor.

Münchsteinach

ehem. Klosterbefestigung

Gemeinde: Markt Münchsteinach
Landkreis: Neustadt a.d. Aisch – Bad Windsheim
nächster größerer Ort: Neustadt a.d. Aisch
zu erreichen: 7 km nördl. Neustadt a.d. Aisch
außerdem sehenswert: ehem. romanische Klosterkirche mit beachtlichem Inneren ; spätgotischer Flügelalter in der 2 km entfernten Kirche von Gutenstetten

Gegen 1139 gründeten Adalbero de Steinahe und seine Schwester Adelheid ein Benediktinerkloster, dem sie ihren Erbbesitz im Steinachtal übereigneten. Wenig später scheint man mit dem Bau von Kirche und Kloster begonnen zu haben. Jedenfalls war die Anlage um 1180 zunächst vollendet. Bereits um 1220 ging man jedoch daran den Ostteil der Kirche neu zu errichten, reicher und großartiger als zuvor. Dem raschen Aufblühen des Klosters folgte ein kaum weniger rascher Niedergang. Abt Christoph von Hirschaid ließ sich zwar nach 1519 im Westen der Gesamtanlage noch das gotische ›Schlößchen‹ errichten, diesen getrennt ummauerten, turmartig aufragenden Abtssitz mit seinem Wappen, einem Hirschkopf, über der Tür und dem Abtritterker an der Südseite. Doch hatte sich schon Abt Wilhelm von Abenberg, dessen Wappen sich auch an den 1491 datierten Klostermauern findet, bei seiner umfangreichen Bautätigkeit in erster Linie auf Instandsetzungen und Erneuerungen beschränkt.
Die Verwüstungen des Bauernkriegs im Jahr 1525 und die drei Jahre später erfolgende Säkularisation des Klosters durch die Ansbacher Markgrafen – im Jahr 1265 war den Nürnberger Burggrafen die Schutzvogtei übertragen worden – setzten eine endgültige Zäsur. Instandgesetzt hat man zunächst nur den Ostteil der Kirche, der von da an der evangelischen Pfarrei diente, während der abgetrennte und durch Zwischenböden unterteilte Westteil bis in die jüngste Zeit als Getreidespeicher und Hopfenboden genutzt wurde. Erst 1965 bis 1970 hat man die eingezogenen Mauern entfernt und versucht den ursprünglichen Charakter des romanischen Innenraums mit seiner farbigen Fassung und den beachtlichen Säulenkapitellen zurückzugewinnen.
Obwohl nur ein geringer Teil der einstigen Baulichkeiten erhalten ist, läßt sich inzwischen auch die Gesamtanlage des Klosters rekonstruieren, das offensichtlich durchaus wehrhaft gewesen zu sein scheint. Schirmten doch einst nicht allein die beiden hintereinander liegenden, im 18. Jahrhundert erneuerten Torhäuser – das innere diente den Markgrafen lang als Amtshaus – Kloster und Kirche nach außen ab, sondern auch eine umlaufende, 1860 zum Teil wieder aufgebaute Mauer mit Schießscharten.

Neuhaus a.d. Pegnitz

Burg Veldenstein

Gemeinde: Markt Neuhaus a.d. Pegnitz
Landkreis: Nürnberger Land
zu erreichen: im Pegnitztal ca 20 km nördl. Hersbruck
zugänglich: ganzjährig täglich 9–18 Uhr gegen Eintrittsgebühr;
freier Zugang zum Hotel-Restaurant
außerdem sehenswert: die 2 km östl. gelegene Maximiliansgrotte (Tropfsteinhöhle) bei Krottensee

Das obere Pegnitztal gehörte zu den ausgedehnten Ländereien, die Kaiser Heinrich II. im Jahr 1009 seinem neugegründeten Bistum Bamberg übereignete und die als Teil des bambergischen Truchsessenlehens zunächst von den Grafen von Sulzbach verwaltet wurden. Zum ersten Mal erscheint die Burg, als der Bamberger Bischof Berthold im Jahr 1269 bei der Teilung der Vogteigüter das zu dieser Zeit sicher schon bestehende ›Neue Haus‹ (novum castrum) für sich beanspruchte. Als Bamberger Amtsburg diente sie wohl auch dem Schutz des Veldensteiner Forsts, der als geschätztes Jagdrevier durch die Jahrhunderte von jeder Rodung und Ansiedlung ausgeschlossen blieb. Obwohl die Burg im ältesten Bamberger Urbar (1323-1327) bereits unter dem Namen Veldenstein erscheint, lassen sich Ort und Burg vom Namen her noch im 14. Jahrhundert nicht eindeutig unterscheiden. Ist doch damals sowohl von der ›Burg Neuhaus, genannt Veldenstein‹ die Rede wie von der ›Burg Veldenstein, auch das Neue Haus genannt‹. Erst später bezog sich der Name Neuhaus allein auf die im Schutz der Burg entstandene Siedlung.

Im Jahr 1480 konnte der Bamberger Bischof wieder uneingeschränkt über die ganze Burg verfügen, die sich nach 1331 als Lehen oder als Pfand zeitweilig in Händen des Landgrafen Ulrich von Leuchtenberg und der Adelsgeschlechter von Stör, von Egloffstein und von Wiesenthau befunden hatte. Sie war zu dieser Zeit schon mehrfach erweitert worden und hatte 1476-1479 noch eine zweite äußere Zwingeranlage mit sechs Türmen erhalten. Im Gegensatz zum nie ummauerten Marktflecken, der mehrfach unter kriegerischen Ereignissen zu leiden hatte, blieb die 56 Meter

Neuhaus a.d. Pegnitz, Burg Veldenstein

über dem Tal gelegene und äußerst stark befestigte Burg während der Hussiteneinfälle ebenso verschont wie im Bauernkrieg und während der Raubzüge des Markgrafen Albrecht Alcibiades. Selbst im Dreißigjährigen Krieg, in dem sich die Besatzung 1635 schließlich der Übermacht der kaiserlichen Truppen beugen mußte und samt

Frau und Kind niedergemacht wurde, blieb die Burg fast unversehrt.
Erst nach dem Blitzschlag, der 1708 das im äußeren Rondell gelagerte Pulver entzündete und den Palas einäscherte, wurde die ausgedehnte Anlage mehr und mehr zur Ruine. Knapp hundert Jahre später kam Veldenstein mit dem fürstlich bambergischen Amt Neuhaus an Bayern; die Burg wurde an Private verkauft. Sie befand sich ab 1898 im Besitz des Berliner Stabsarztes Dr. Hermann Epenstein, der rund eine Million Mark für die Wiederherstellung aufwandte. Eng mit der Familie Göring befreundet, vermachte seine Witwe Veldenstein im Jahr 1937 dem Vertrauten Adolf Hiltlers und damaligen Reichsforst- und Reichsjägermeister Hermann Göring, der mit den Eltern einen großen Teil seiner Kindheit auf der Burg verbracht hatte.
Heute ist Veldenstein wieder der Allgemeinheit zugänglich: Seit 1972 betreibt die ortsansässige Brauerei Kaiser als Pächterin der in bayerischem Staatsbesitz befindlichen Anlage ein Hotel-Restaurant in der Burg, die mit ihrer doppelten Ringmauer und den zahlreichen Mauertürmen, mit dem hohen, aus dem 13. Jahrhundert stammenden, viereckigen Bergfried, dem sogenannten Getreidekasten, der Amtmannswohnung und dem zum Teil erhaltenen Palas noch immer die eindrucksvollste Höhenburg des ganzen Pegnitztals ist.

Neunkirchen a. Brand

Kloster- und Marktbefestigung

Gemeinde: Markt Neunkirchen a. Brand
Landkreis: Forchheim
nächster größerer Ort: Erlangen
zu erreichen: von Erlangen 9 km Nebenstraße nach Nordosten
außerdem sehenswert: Ortsbild, ehem. Klosterkirche

Keimzelle des Ortes – darauf verweist schon der Name – war die ›neue Kirche‹, die im 11. Jahrhundert im Bereich des hier erst spät gerodeten

Neunkirchen a. Brand, Erlanger Tor

Königsguts Forchheim gestiftet worden sein dürfte. Sie lag zu Füßen des Hetzleser Berges, auf dem sich damals eine der größten, möglicherweise zur Kontrolle der alten Handelsstraße durch das Regnitztal errichteten frühmittelalterlichen Wehranlagen Frankens mit Ringwall und Abschnittsbefestigung befand.
1296 wurde die entstandene Siedlung bambergischer Amtssitz; knapp 20 Jahre später die Kirche mit bischöflicher Erlaubnis in ein Augustinerchorherrenstift umgewandelt. Noch im 14. Jahrhundert umgab man das Kloster mit einer Wehrmauer, die im 15. Jahrhundert kräftig nach Süden erweitert und 1479 durch das Erlanger Tor ergänzt wurde. Die Befestigung der 1348 als Markt bezeichneten Ortschaft dürfte sich um diese Zeit noch auf Wall und Graben beschränkt haben: Erhielten die Neunkirchner doch, obwohl offensichtlich im Südosten schon gegen 1484 ein weiteres Tor entstanden war, erst im Jahr 1502 die Erlaub-

nis, ihr Gemeinwesen mit einem Mauerring zu umgeben. In rascher Folge entstanden nun das Erleinhofer, das Forchheimer und das Gräfenberger Tor und gegen 1515 scheint auch die Arbeit an den Wehrgängen weitgehend abgeschlossen gewesen zu sein.

Das 16. Jahrhundert brachte viel Not und Zerstörung: das Kloster wurde im Bauernaufstand des Jahres 1525 niedergebrannt und 1552 aufgelöst; der Ort ging im Jahr danach im Zweiten Markgrafenkrieg in Flammen auf und die Hochwasser der Jahre 1532, 1581 und 1618 fügten den Wehrmauern und Toren Schäden zu, die nur zum Teil behoben wurden. Spurlos ging auch das Jahr 1945 nicht vorüber. Allerdings wurde lediglich das Gräfenberger Tor so schwer getroffen, daß man es abtragen ließ.

Von der ehemaligen Klosterbefestigung steht heute nur noch der kleine Bereich um das Erlanger Tor. Besser bestellt ist es um die einstige Marktbefestigung: Erleinhofer und Forchheimer Tor wurden nach 1945 mit erweiterter Durchfahrt wieder hergestellt und auch die Mauern sind vor allem im Süden und im Anschluß an die Obere Bastei noch recht gut erhalten: meist bis zur Höhe des einstigen Wehrgangs, auf einer Strecke von 12 Metern aber sogar in voller Höhe.

Neustadt a.d. Aisch

Stadtmauer

Gemeinde: Stadt Neustadt a.d. Aisch
Landkreis: Neustadt a.d. Aisch – Bad Windsheim
zu erreichen: an der Kreuzung von B 8 und B 470
außerdem sehenswert: Stadtpfarrkirche, Heimatmuseum im Alten Schloß

Am Anfang steht der Königshof ›Reotfeld‹ (Riedfeld), der im 6. oder 7. Jahrhundert im Zug der von Windsheim aus vordringenden fränkischen Landnahme am linken Ufer der Aisch entstand und zu jenen Gütern gehörte, die der Hausmeier Karlmann im Jahr 741 dem neugegründeten Bistum Würzburg übereignete. Nachdem Riedfeld im 11. Jahrhundert an das Hochstift Regensburg übergegangen war, gab Bischof Gebhard (1089-1106) den Besitz seiner Familie zu Lehen: den Grafen von Raabs, die als eines der führenden hochmittelalterlichen Geschlechter seit 1105 auch Burggrafen von Nürnberg waren.

Neustadt a.d. Aisch, Nürnberger Tor

Burggraf Friedrich III. – 1191/92 hatten die Zollern die Grafen von Raabs beerbt – errichtete gegen 1275 in der Nähe der am jenseitigen Ufer der Aisch gelegenen Turmhügelburg der Grafen von Raabs eine eigene Burg, von der allerdings nur wenige verbaute Mauerreste erhalten sind. Rund ein Jahrzehnt später gründete er dort seine ›Newestat‹, eine neue Stadt, die im Gegensatz zum nur von Palisaden umgebenen Marktflecken Riedfeld stark befestigt wurde. Der neuen Gründung kam nicht allein die Lage am Schnittpunkt zweier wichtiger Straßenzüge (Regensburg–Nürnberg–Würzburg–Frankfurt/Main und Bamberg–Forch-

heim–Windsheim) zugute. Die Förderung durch die Burggrafen und späteren Markgrafen machte Neutadt, wo schon 1297 ein Vizedom residierte und das zeitweilig Residenz und Witwensitz war, schließlich zu einer der sechs wichtigsten Städte des späteren Fürstentums Bayreuth.
Zwischen 1450 und 1490 umzog man den nahezu rechteckigen Siedlungsbereich der Stadt, deren Umfang sich bis zum Ende des 15. Jahrhunderts nahezu verdreifacht hatte, mit einem neuen, dem letzten Mauerring. Er erhielt vier Tore und elf Mauertürme und war an drei Ecken durch die bestehenden Burganlagen verstärkt: im Westen durch die kleine Burg der Grafen von Raabs (1632 zerstört), im Osten durch die burggräfliche Veste und im Nordosten durch die Wasserburg (= Altes Schloß), die sich Markgraf Albrecht Achilles um 1430 hatte errichten lassen.
Weder der Bauernkrieg noch der Sturz des Markgrafen Albrecht Alcibiades gingen spurlos an der gut befestigten Stadt vorüber. Der Dreißigjährige Krieg aber brachte so schwere Verwüstungen – 1632 und 1634 wurde die Stadt nahezu völlig eingeäschert –, daß es länger als ein halbes Jahrhundert dauerte, bis die Befestigungen instandgesetzt waren und sich Neustadt a.d. Aisch als blühendes Gemeinwesen wieder zu den bedeutendsten Städten der Markgrafschaft Brandenburg-Bayreuth zählen konnte.
Im Jahr 1810 kam Neustadt a.d. Aisch zu Bayern. Neue Interessen standen im Vordergrund. Das Alte Schloß, dessen mächtigen Rundturm Markgraf Kasimir im frühen 16. Jahrhundert zum Geschützturm hatte ausbauen lassen, das aber schon durch den Bau des 1575-1626 in nächster Nähe entstandenen Neuen Schlosses an Bedeutung verloren hatte, wurde Krankenhaus und beherbergt heute in seinem polygonalen Kernbau das Heimatmuseum. An der Stelle des 1906 bis auf den Treppenturm niedergebrannten Neuen Schlosses entstand eine Schule. Vor allem aber sah man in der spätmittalterlichen Befestigung ein Hindernis für die allmählich über den Mauerring hinauswachsende Stadt. So wurde der Graben ringsum zugeschüttet, die Mauern weitgehend überbaut, zwischen 1869 und 1872 das Windsheimer, das Würzburger und schließlich auch das Diespecker Tor abgebrochen.
Trotz allem gibt es jedoch vor allem im Südosten und Südwesten der Altstadt noch einige verhältnismäßig gut sichtbare Mauerabschnitte. Dort sind auch die fünf erhaltenen Mauertürme zu finden: Flurersturm und Vögeleinsturm, Hirtenturm und Schauflersturm und schließlich der Pulverturm am einst in die Befestigungen einbezogenen Bleichweiher. Das Nürnberger Tor aber, das nur erhalten blieb, weil die Bewohner des nahen Dorfes Eggensee auf ihr verbrieftes Läutrecht auf dem mächtig aufragenden fünfgeschossigen Torturm nicht verzichten wollten, ist längst zum Wahrzeichen der Stadt geworden.

Nürnberg

Burg

Gemeinde: Kreisfreie Stadt Nürnberg
zugänglich: Kaiserburg, Sinwellturm und Tiefer Brunnen (Eintrittsgebühr): 1. April – 30. September täglich 9-18 Uhr, Donnerstags bis 20 Uhr, 1. Oktober – 31. März 10-16 Uhr; Bastionen (teilw. nicht im Winter), innerer Burghof (nur während der Öffnungszeiten) und äußerer Burghof frei zugänglich
außerdem sehenswert: Stadtbild, Kirchen, zahlreiche Museen

Nürnberg verdankt sein Dasein und seine frühe Bedeutung der Burg, die als Inbegriff eines mittelalterlichen Wehrbaus so beherrschend und unverwechselbar auf einem von West nach Ost verlaufenden Sandsteinrücken über den Häusern der Altstadt thront.
Die beachtlich große Anlage ist weder geschichtlich noch kunstgeschichtlich ein einheitliches Bauwerk. Besteht sie doch genaugenommen aus drei Gebäudekomplexen: der Kaiserburg mit ihren um inneren und äußeren Burghof gruppierten Bauten im Westen, den Gebäuden der Reichsstadt im Osten (Kaiserstallung, Luginsland) und den dazwischen liegenden Resten der Burggrafenburg mit dem Fünfeckigen Turm.

Nürnberg, Burg

Kaiser Heinrich III. dürfte die Burg gegen 1040 als Stützpunkt der salischen Ausbaupolitik im waldreichen Gebiet um die Pegnitz gegründet haben. Als er 1050 hier ein Hoflager abhält – ›auf eigenem Grund und Boden‹, wie es in den Annalen heißt – wird ›nuorenberc‹ erstmals urkundlich genannt. Länger als 500 Jahre, bis 1571, verbrachte von da an jeder anerkannte deutsche König und Kaiser eine mehr oder weniger lange Zeit auf dieser Burg, die bis ins späte Mittelalter als ›Veste des Heiligen Reiches‹ häufiger im Mittelpunkt der Reichsgeschichte stand und mehr festliche Hof- und Reichstage erlebte als jede andere Burg Deutschlands.

Unter den Saliern war den Grafen von Raabs im Jahr 1105 die Verwaltung und Sicherung des königlichen Besitzes und der Burg übertragen worden. Schon wenige Jahrzehnte später begann König Konrad III. mit dem Ausbau der Anlage zur staufischen Reichsburg und Kaiserpfalz, der mit den Erweiterungen und Veränderungen unter Kaiser Friedrich I. Barbarossa seinen krönenden Abschluß fand. Jedenfalls wird die Burg im

Nürnberg, Kaiserburg mit Sinwell- und Heidenturm

Jahr 1183 anläßlich des Empfangs einer alexandrinischen Gesandtschaft durch den Kaiser schon als › palacio Nurenberc‹ bezeichnet. Eine Tatsache, die neben stilistischen Vergleichen dafür spricht, daß das bedeutendste und den Geist der Stauferzeit am reinsten bewahrende Bauwerk der Burg, die Doppelkapelle im Heidenturm, um diese Zeit wohl schon weitgehend vollendet war.

1191/92 fiel den Zollern das inzwischen erblich gewordene Amt des Burggrafen zu: Es kam zu jener Trennung von Burggrafenburg und Kaiserburg, die auch in der mächtigen Schildmauer und dem runden, als Bergfried dienenden Sinwellturm deutlich wird, mit denen die Kaiserburg nach Osten zur Burggrafenburg hin abgeschirmt ist. Im Gegensatz zur Kaiserburg, deren Bauten den ganzen westlichen Bereich des langgestreckten Burgfelsens einnehmen, war die Burg der Zollern nicht besonders groß, doch besaß sie mit dem Fünfeckigen Turm einen eigenen Bergfried.

Es dauerte nicht lange bis es zwischen den expansionsfreudigen Burggrafen und der Stadt Nürnberg, die nicht weniger an der Festigung der eigenen Macht interessiert war, zu zunehmender Rivalität kam.

Nürnberg, Burg, Heidenturm

Nachdem Kaiser Heinrich VII. die Obhut über des ›Heiligen Reichs Veste‹ in Zeiten eines Interregnums den Nürnbergern übertragen hatte, die später auch für ihren baulichen Unterhalt zu sorgen hatten, bot sich der Freien Reichsstadt die Möglichkeit, den ›Kalten Krieg‹ mit den Zollern zu verschärfen. Schließlich errichtete sie im Jahr 1377 in Abwesenheit des Burggrafen innerhalb weniger Monate auf eigenem Grund sogar den sogenannten Luginsland, ›darumb, daß man in die Markgrafenburg möcht sehen‹. Es kam zu offenen kriegerischen Auseinandersetzungen, bei denen die Stadt 1388/89 die Burggrafenburg besetzte. Als diese 1420 mit Hilfe des bayerischen Herzogs Ludwig VII. auch noch eingeäschert worden war, verloren die Hohenzollern, die längst auf bestem Weg waren sich mit der Markgrafschaft Ansbach-Bayreuth eines der bedeutendsten Territorialgebiete Frankens aufzubauen, jedes Interesse an dem Nürnberger Besitz. 1427 verkauften sie ihre Burg – sie wurde nicht wieder aufgebaut– an die Stadt.
Das 15. Jahrhundert brachte nicht allein einschneidende Veränderungen in den Besitzverhältnissen.

Nürnberg, Burg: Bastion, Fünfeckiger Turm, Luginsland

1440-1443 ersetzte Kaiser Friedrich III. den Palasbau Barbarossas bis auf die Kapelle durch einen spätgotischen, in seinen Grundzügen dem staufischen Vorgänger folgenden Neubau, der nun als geschlossenes Ganzes die Südfront der Kaiserburg prägt. 1494-1495 errichtete die Stadt unter Leitung von Hans Behaim d.Ä. als ›Kornhaus auf der Vesten‹ die sog. Kaiserstallung und im 16. Jahrhundert ging sie daran, die Burg nach den Plänen des italienischen Festungsbaumeisters Antonio Fazuni durch gewaltige Bastionen zu verstärken und endgültig in das Verteidigungssystem der Stadt einzubeziehen. Obwohl die Burg schon um diese Zeit längst nicht mehr ihre alte Bedeutung hatte – 1543 fand der letzte Reichstag statt, nur vereinzelt kam es bis ins 18. Jahrhundert noch zu Kaiserbesuchen – blieb sie Reichsbesitz, bis sie zusammen mit der Stadt Nürnberg 1806 bayerisch wurde.
Den umfassenden Restaurierungen, die 1934 die neugotischen Veränderungen Heideloffs rückgängig machten und nach 1945 die schweren Schäden des 2. Weltkriegs behoben, ist es weitgehend gelungen das Bild einer der bedeutendsten deutschen Reichsburgen zurückzugewinnen.

Nürnberg

Stadtmauer

Im Schutz der Burg entwickelte sich der Ort am ›felsigen Berg‹ (Nourenberc) außerordentlich rasch. Der älteste Siedlungsbereich dehnte sich vom südlichen Abhang des Burgbergs, wo auch der Wirtschaftshof der Burg mit der königlichen Eigenkirche St. Egidien lag, zunächst völlig unregelmäßig zur Pegnitz hin aus. Getrennt von dieser ›Sebalder Stadt‹ entstand auf dem linken Flußufer neben einem von König Konrad II. gegründeten Königshof bei St. Jakob eine zweite, regelmäßig angelegte Siedlung, die ›Lorenzer Stadt‹. Die beiden durch das Überschwemmungsgebiet der Pegnitz getrennten Ansiedlungen waren zunächst wohl nur durch Gräben und Palisaden geschützt, wurden aber um die Mitte des 13. Jahrhunderts mit eigenen, turmbewehrten Quadermauern mit Wehrgang umgeben. Ihr Verlauf läßt sich gut nachvollziehen; erhalten aber haben sich auf der Sebalder Seite nur der Laufer Schlagturm mit einem anschließenden kleinen Stück der Mauer und der Tiergärtnertorturm; auf der Lorenzer Seite der Weiße Turm, der nach der Kriegszerstörung von 1945 zusammen mit seiner gegen 1300 vorgebauten Barbakane in altem Zustand wieder errichtet wurde.

Zwischen 1320 und 1325 hat man die Befestigungen der beiden Siedlungskerne – längst sahen sich die Nürnberger als Bürger einer Stadt – durch brückenartige Bauten und Türme zu einem einheitlichen Mauerring zusammengefügt: Am Pegnitzeinfluß entstand der nach 1945 wiederhergestellte Schuldturm (das sogenannte Männereisen) auf der Insel Schütt; am Pegnitzausfluß der Bukkelquaderbau des Wasserturms und der Henkerturm mit der Überbrückung des nördlichen Pegnitzarmes.

Nürnberg, Weißer Turm

Nürnberg, Wasserturm und Henkersteg

Nicht allein die schon um 1070 einsetzende Wallfahrt zu den Gebeinen des hl. Sebald und die Förderung seitens der Kaiser kam der aufstrebenden Siedlung zugute. Es war wohl auch die Tüchtigkeit ihrer Bewohner, die als risikofreudige Händler und erfindungsreiche Handwerker Nürnberg schließlich zu einem der bedeutendsten Handelsplätze im süddeutschen Raum machten.

Als gegen 1350 die Entwicklung zur selbständigen, nur dem Kaiser verpflichteten Freien Reichsstadt abgeschlossen war, begann man mit dem Bau der ›letzten Befestigung‹, in deren erweiterten Bering die inzwischen entstandenen Vorstädte und Klöster einbezogen wurden und die im Jahr 1452 vollendet war. Schon nach 1500 sah man sich immer wieder gezwungen die Befestigungen der zunehmenden Feuerkraft neuer Waffen anzupassen. So entstanden 1538–1545 nach den Plänen von Antonio Fazuni die zu ihrer Zeit sensationell

Nürnberg, Spittler Tor

Nürnberg, Frauentormauer

wirkenden Bastionen der Burgbastei, 1556–1559 unter Stadtwerkmeister Georg Unger, der die alten Vierecktürme der Torbauten mit bis zu sechs Meter starken Mauern ummanteln ließ, die mächtigen Rundtürme der vier Haupttore. Mit ihren Geschützplattformen unter den aufgeständerten Dächern sind diese ›dicken Türme‹ in ihrer wohlausgewogenen Wucht längst zu Wahrzeichen der Stadt geworden.

Der so entstandene etwa fünf Kilometer lange Befestigungsring mit den fünf großen Toranlagen – Laufer-, Frauen-, Spittler- und Neutor, sowie das noch von der vorhergehenden Befestigung stammende Tiergärtnertor – ist trotz mancher Eingriffe des 19. und 20. Jahrhunderts noch immer einer der stärksten und besterhaltenen aller europäischen Großstädte. Über eine Länge von fast vier Kilometern stehen heute die 7-8 Meter hohen, etwa einen Meter dicken Mauern aufrecht. Weithin wohlerhalten sind der etwa 15 Meter breite Zwinger, die Zwingermauern und der davor liegende bis zu 12 Meter tiefe und 20 Meter breite Trockengraben, der mit seinen beidseitigen Futtermauern zwischen Hallertordurchbruch und Neutor besonders eindrucksvoll wirkt. Beide Mauern besaßen ursprünglich überdachte Wehrgänge und Schießscharten und waren im Abstand von etwa 45 Metern durch Türme verstärkt, von denen heute noch 57 stehen. Wie sehr diese Mauern den damaligen Erfordernissen der Wehrtechnik angepaßt wurden, läßt sich vor allem entlang des besonders gut erhaltenen westlichen Mauerzugs zwischen Plärrer und Burg erkennen: Der Zwinger ist dort zur Aufstellung leichter Geschütze aufgeschüttet; die äußere Mauerkrone durch eine abgeschrägte, von breiten Kanonenscharten durchbrochene Brustwehr ersetzt. Jenseits der Pegnitzüberbrückung durch die Fronveste und den auf einer Pegnitzinsel errichteten Schleyerturm wird schließlich mit den polygonalen, mächtig aufsteigenden Mauerwällen von Neutorbastei, Tiergärtnertor- und Burgbastei die ganze Wucht und rationale Strenge früher Festungsbaukunst deutlich.

Nürnberg

Herrensitze in der Innenstadt

Typisch für Nürnberg und sein Umland sind die patrizischen Herrensitze, von denen es einst nahezu hundert gab und deren hoher, turmartiger Hauptbau mit den Ecktürmchen des Obergeschosses fast immer befestigt und von Wassergräben umgeben war: Dienten sie häufig doch nicht allein der Verwaltung eines Besitzes, sondern lange auch als Vorwerk der eigentlichen Stadtbefestigung.
Obwohl diese spätmittelalterlichen ›Weiherhäuser‹ nach den Zerstörungen im Zweiten Markgrafenkrieg (1552-1554) häufig wieder aufgebaut werden mußten und oft auch später erneuert oder zum Sommersitz umgebaut wurden, haben einige ihr ursprüngliches, ganz charakteristisches Erscheinungsbild recht gut bewahr. Manchmal sind sie allerdings wie das Petzenschloß in Lichtenhof streng gegen Besucher abgeschirmt.

Nassauer Haus

zu erreichen: Karolinenstraße 2
zugänglich: der als Gaststätte genutzte Keller

Das einzige gut erhaltene, nach den Kriegsschäden von 1945 wiederhergestellte mittelalterliche Turmhaus Nürnbergs dürfte Ende des 12./Anfang des 13. Jahrhunderts als Ministerialensitz erbaut worden sein. Von diesem romanischen Bau blieben nur die Untergeschosse zurück: Ließen doch Jobst Haug und Ulrich Ortlieb – er war so begütert, daß er Kaiser Sigismund im Jahr 1421 einen Kredit von fünfzehnhundert Rheinischen Gulden einräumen konnte, für den er die bald wieder eingelöste Kaiserkrone als Pfand erhielt – das ›feste Haus‹ inmitten der Nürnberger Altstadt in der 1. Hälfte des 15. Jahrhunderts mit Zinnenkranz, Ecktürmchen und zierlichem Erker zu einem Bau umgestalten, dessen Wehrhaftigkeit nur mehr symbolischen Charakter besaß.

Herrensitz Gleißhammer, sog. Zeltner Schlößchen

zu erreichen: Gleißhammerstraße 2–6
zugänglich: nur im Außenbereich

Der inmitten des Zeltner Weihers gelegene Herrensitz entstand zum Schutz eines Hammerwerks, das 1336 als Eigentum des Nürnberger Schultheißen und Stifters des Hl.Geist-Spitals Konrad Groß bezeugt ist. Jakob Imhoff ließ den Bau, der schon nach dem Landshuter Erbfolgekrieg erneuert werden mußte, im Jahr 1569 nach der Zerstörung durch Markgraf Albrecht Alcibiades neu errichten.
Obwohl die ursprünglich vorhandenen vier Ecktürmchen des viergeschossigen Sandsteinbaus nach 1945 nicht wiederhergestellt wurden, ist der nürnbergische Charakter der ursprünglich von Wehrmauern umgebenen Anlage mit ihrem durch Rundtürme verstärkten Torhaus von 1795 unverkennbar.

Nürnberg, Nassauer Haus

Nürnberg, Herrensitz Gleißhammer

Hummelstein
sog. Hummelsteiner Schlößchen

zu erreichen: Hummelstein 45
zugänglich: nur im Außenbereich

In den Jahren nach 1484 ließ sich Niklas Hummel vor der Stadt ein ›Lusthäuschen mit steinernem Fuß‹ errichten. Das 1552 im Zweiten Markgrafenkrieg zerstörte, wohl erst 1706 völlig wiederhergestellte ›Weiherhaus‹ war später in häufig wechselndem Besitz bis es 1927 von der Stadt Nürnberg angekauft wurde.
Obwohl das Herrenhaus nach den behobenen Kriegssschäden von 1945 heute völlig verputzt ist und der einstige Wassergraben längst trockenliegt, hat der turmartig hohe, rechteckige Bau, den K.A. Heideloff 1865 ganz im historisierenden Geist der Zeit erneuerte, mit seinen vier Eckerkern seinen Charakter recht gut bewahrt. Zumal auch die einstige Zwingeranlage mit ihren ursprünglich vier (jetzt drei) runden Türmen weitgehend erhalten ist und das Ganze von einer kleinen parkartigen Anlage umgeben wird.

Nürnberg, Hummelsteiner Schlößchen

Mögeldorf
Friedhofsbefestigung, ehem. Hallerschloß, sog. Cnopfsches Schloß

zu erreichen:
Friedhofsbefestigung: Kirchenberg 15 ;
Hallerschloß: Kirchenberg 7-11 ;
Cnopfsches Schloß: Ziegenstraße 3-5
zugänglich: nur in den Außenbereichen

Das im Osten der Nürnberger Altstadt gelegene, 1899 eingemeindete Mögeldorf ist älter als Nürnberg. Es dürfte sich aus jenem karolingischen, zum Königshof Altdorf gehörenden Außenhof entwickelt haben, der in den Jahren 1025 und 1030 König Konrad II. als Etappenort diente. Wahrscheinlich befand sich hier hoch über dem Pegnitztal schon früh der Sitz eines Reichsministerialen, der die für den damaligen Verkehr bedeutsame Furt zu überwachen hatte. Jedenfalls wird ein Reimar, ›officiatus de Megelindorf‹, im Jahr 1213 Nürnberger Reichsbutigler. Wenig später dürfte Mögeldorf seine Selbständigkeit verloren haben. Als Besitzer erscheinen nun die Nürnberger Burggrafen, die im 14./15. Jahrhundert den Großteil ihrer Mögeldorfer Güter an Nürnberger Patrizier verkauften. In der Nähe der um 1415 vollendeten und später mehrfach erneuerten Kirche, die wohl anstelle der Kapelle des einstigen Königshofs errichtet wurde, entstand so eine ganze Reihe wohlbefestigter Nürnberger Herrensitze. Überdauert haben vier, von denen sich nur Haller- und Cnopfsches Schloß etwas von ihrer ursprünglichen Wehrhaftigkeit bewahrt haben.

Mögeldorf, Wehrmauer des Cnopfschen Schlosses

Mögeldorf, Hallerschloß

Das auf dem ›Burgstall‹ neben der Kirche errichtete, nach den Besitzern des 16./17. Jahrhunderts benannte Hallerschloß ließ Hans Tetzel schon 1482 erweitern. Trotzdem ist der dreigeschossige turmartige Kernbau mit seinen Eckstreben noch gut erkennbar, der im Süden sogar noch die alten Schlitzfenster zeigt. Gegen 1415 hat man den Herrensitz zusammen mit dem um diese Zeit angelegten Friedhof mit einer gemeinsamen Befestigungsmauer umgeben, die vor allem entlang des flußseitigen Steilabfalls noch gut erhalten, wegen des dichten Bewuchses aber kaum zu erkennen ist.
Umso so besser zu sehen ist die Sandsteinmauer, die das nach Süden anschließende Cnopfsche

Schloß in unregelmäßigem Fünfeck umgibt. Sie stammt zwar an drei Seiten aus der Barockzeit, als der im Jahr 1510 erstmals genannte und 1517 von Grund auf neu errichtete Herrensitz eine seiner zahlreichen Veränderungen und Umbauten erfuhr. Doch ist gegen den tiefen Einschnitt zum Kirchberg hin noch ein eindrucksvolles Teilstück der mittelalterlichen Buckelquadermauer mit ihrem leicht vorkragenden Wehrgangsbereich erhalten.

Nürnberg-Fischbach

Pellerschloß

Gemeinde: Kreisfreie Stadt Nürnberg (1972 eingemeindet)
zu erreichen: im Südosten Nürnbergs, Pellergasse 3 a
zugänglich: Innenräume Mittwochs 17–19 Uhr und während der Ausstellungen, die von der Stadt Nürnberg veranstaltet werden
außerdem sehenswert: Innenräume; Harsdorfersches Schloß, Scheurlsches Schloß

Das mitten im Lorenzer Reichswald gelegene Fischbach war bis ins 14. Jahrhundert Reichsministerialensitz der ›Vischpecken‹, zugleich aber auch Mittelpunkt einer der 14 Forsthuben des südlichen Reichswaldes und Sitz eines jener Zeidelgüter, die dort die Waldbienenzucht betrieben. Von etwa 1400 an erwarben Nürnberger Patrizier in Fischbach Besitz und schließlich gab es mehrere Herrensitze, von denen heute noch drei aufrecht stehen.

Den Charakter eines mittelalterlichen Nürnberger ›Weiherhauses‹ hat das nach der Zerstörung im Zweiten Markgrafenkrieg (1552) wiederhergestellte Pellerschloß – das Anwesen befand sich von 1687–1870 im Besitz der Nürnberger Patrizierfamilie Peller – weitaus am reinsten bewahrt. Über dem ›steinernen Fuß‹, dem mit Sandsteinquadern errichteten Erdgeschoß mit seinen Lichtschlitzen, erheben sich, auf zahlreichen schrägen Stützbalken ringsum weit vorkragend, die beiden Obergeschosse und der hohe Giebel in typisch nürnbergischem Fachwerk. Allein das Chör-

Nürnberg-Fischbach, Pellerschloß

lein (übrigens das einzige dieser Art, das erhalten blieb) lockert die vom Rat der Stadt bis weit ins 17. Jahrhundert geforderte Schlichtheit der Holzkonstruktion etwas auf, bei der man auch zum vorgeschriebenen Schutz der Wälder auf jede Holzverschwendung und ›unnötigen Zierrat‹ zu verzichten hatte.

Nürnberg-Katzwang

Friedhofsbefestigung

Gemeinde: Kreisfreie Stadt Nürnberg (1972 eingemeindet)
zu erreichen: im Süden Nürnbergs, Rennmühlstraße
außerdem sehenswert: Sühnekreuz und Bildstock am Eingang zum Kirchenbezirk; Inneres der Kirche mit reicher Ausstattung

Katzwang wird 1152 erstmals genannt. Die nahe Rednitzfurt scheint so wichtig gewesen zu sein, daß im 13. Jahrhundert ein für die Sicherheit des Übergangs verantwortliches Ministerialengeschlecht bezeugt ist. Das Dorf ging früh in den Besitz des Klosters Ellwangen über, das Katzwang

Nürnberg-Katzwang, Friedhofsmauer

samt allem was zu ihm gehörte im Jahr 1296 an das Kloster Ebrach verkaufte.
Schon knapp zehn Jahre früher ist anläßlich des Baus der Brücke über die Rednitz von einer Kirche die Rede, die möglicherweise bereits befestigt war. Vielleicht hat aber doch erst Ebrach, das 1298 die jetzige, im 15./16. Jahrhundert erweiterte Kirche errichten ließ, für den Bau der Wehrmauer gesorgt. Jedenfalls ist der im frühen 14. Jahrhundert entstandene doppelgeschossige Karner in den Mauerring einbezogen, der zur Zeit der Hussiteneinfälle um 1430/1435 wohl noch einmal verstärkt wurde. Während der von der Rednitz gespeiste Wassergraben, der die ganze Anlage umgab, längst zugeschüttet ist, umziehen die Mauern noch immer fünf Meter hoch und mit deutlich abgesetztem unterem Mauerbereich – er trug einst den Wehrgang – die Kirche und den ehemaligen Friedhof.

Nürnberg-Kornburg

ehem. Wasserburg

Gemeinde: Kreisfreie Stadt Nürnberg (1972 eingemeindet)
zu erreichen: im Süden Nürnbergs, Im Schloßhof 2
zugänglich: nur außen (Privatbesitz: Praxisräume, Wohnungen, Ferienwohnung)

Kornburg verdankt seinen Namen dem hier seit dem Jahr 1265 nachweisbaren Reichsministerialengeschlecht der Herren von Kurnberg (oder Kurnburg), die in der Verwaltung des Nürnberger Reichsguts und vor allem des südlichen Reichswaldes zeitweilig eine bedeutende Rolle spielten. Nach ihrem Aussterben im Jahr 1404 gelangte die Kornburg mehrfach in andere Hände, bis sie 1447 samt neun Gütern schließlich von dem Nürnberger Patrizier Peter Rieter erworben wurde, dessen Familie sich von da an Rieter von Kornburg nannte.
Die Lage am wichtigen Handelsweg von Nürnberg nach Augsburg und Venedig kam dem im 14. Jahrhundert gegründeten Markt mit seiner Zollstätte sicher zugute. Sie führte jedoch auch dazu, daß jede kriegerische Verwicklung nicht allein für den behelfsmäßig befestigten Ort und die seit dem 14. Jahrhundert ummauerte Kirche nachhaltige, immer wieder beseitigte Schäden mit sich brachte. Noch die jetzige, erst in der Barockzeit errichtete Pfarrkirche ist von einer Mauer umgeben, die an die alte Befestigung des Kirchhofs erinnert.
Mehrfach wurde selbst die Burg in Mitleidenschaft gezogen, so vor allem in den beiden Markgrafenkriegen (1449 und 1552) und im Dreißigjährigen Krieg (1632), in denen die Anlage weitgehend zerstört wurde. Immer wieder aufgebaut, geriet sie nach dem Tod des letzten Rieter 1753 endgültig in Verfall. Ihr heutiges Aussehen verdankt die einstige Wasserburg dem Nürnberger Künstler und Kunsthändler Heinrich Nüsslein, der die Ruine 1922 erwarb und im romantisch-historisierenden Geist der Zeit wieder aufbauen ließ. Obwohl der weitaus größte Teil der hufeisenförmigen Anlage mit ihrem Bergfried und den erkerartigen runden Ecktürmchen erst damals entstand, wirkt der einen Innenhof umschließende Bau, dessen Mauern noch immer direkt aus dem sieben bis acht Meter breiten, nun trocken gelegten Wassergraben aufsteigen, überraschend mittelalterlich und wehrhaft.

Nürnberg-Kornburg, ehem. Wasserburg >

Nürnberg-Kraftshof

Kirchenburg

Gemeinde: Kreisfreie Stadt Nürnberg (1930 eingemeindet)
zu erreichen: im Norden Nürnbergs, Kraftshofer Hauptstraße 170
außerdem sehenswert: Inneres der Kirche mit guter Ausstattung

Kraftshof gehörte zu jenen in der Umgebung Nürnbergs gegründeten mittelalterlichen Wirtschaftshöfen, die unter den Stauferkaisern zum Unterhalt des Königshofs beizutragen hatten. Im Jahr 1290 erwarb Friedrich Kress, dessen Familie bis heute mit dem Ort eng verbunden blieb, am

Nürnberg-Kraftshof, Wehrgang der Kirchenburg

Rand des 1269 erstmals genannten Dorfes einen Burgstall und errichtete dort ein ›Weiherhaus‹, das er Kressenstein nannte. Friedrich Kress und seine Gemahlin erbauten 1305-1315 auch jene kleine Kirche, die Friedrich III. Kress 1438-1440 vergrößern ließ und die dem Geschlecht zeitweilig als Grablege diente. Zu den bedeutendsten Mitgliedern der Familie, die in Kraftshof die Dorf- und Gemeindeherrschaft sowie das Kirchenpatronat innehatte, zählte der 1535 verstorbene Feldhauptmann Christoph Kress von Kressenstein, unter dem die wohl schon früher angelegte Friedhofsbefestigung 1505-1510 erneuert wurde und ihren jetzigen Umfang erhielt.

Kraftshof hatte schon im Zweiten Markgrafenkrieg schwer zu leiden. Besonders hart aber traf den Ort der Bombenangriff des Jahres 1943, bei dem neben zahlreichen Wohnhäusern auch der Kress'sche Stammsitz weitgehend vernichtet wurde und die Kirche bis auf die Außenmauern niederbrannte. Dank der Spende von Samuel und Rush Kress , die dem 1752 in die USA ausgewanderten Seitenzweig der Familie von Kressenstein angehörten, konnte eine der eindrucksvollsten Kirchenburgen Frankens schon bald nach Kriegsende ihr ursprüngliches Aussehen zurückgewinnen: Wie auf alten Ansichten wird die wiederhergestellte, dem hl. Georg geweihte Chorturmkirche vom Fünfeck der bis zu acht Meter hohen Sandsteinmauern mit ihren Schießscharten und dem nach innen offenen, überdachten Wehrgang umgeben; wie einst werden der dem Dorf zugewandte Eingang und die fünf Ecken durch ausspringende, spitzbehelmte Rundtürme mit auffallend unterschiedlich geformten Schießscharten verstärkt.

< Nürnberg-Krafshof, Kirchenburg

Nürnberg-Kraftshof, Schießscharten am Eckturm des Tors

Nürnberg-Neunhof

ehem. Herrensitz

Gemeinde: Kreisfreie Stadt Nürnberg (1972 eingemeindet)
zu erreichen: im Norden Nürnbergs
zugänglich: April–Sept. Samstags, Sonn- und Feiertagstags 10-17 Uhr, Eintrittsgebühr; Schloßgarten April–Okt. täglich 10-19 Uhr
außerdem sehenswert:Heimatmuseum des Knoblauchlandes

Wahrscheinlich war das von Kraftshof aus gegründete Neunhof schon im 13. Jahrhundert Sitz eines Reichsministerialen. Die erste gesicherte Erwähnung des Dorfes fällt allerdings erst ins Jahr

1326, in dem Gottfried von Hohenlohe-Brauneck Güter, die er dort besaß, an den Nürnberger Burggrafen Friedrich IV. verkaufte. Von einem Herrensitz ist sogar erst 1482 die Rede. Er war damals Eigentum des Hans Kress, der um diese Zeit sein Neunhofer Wasserschlößchen wieder aufbauen ließ, nachdem die nahezu den ganzen Ort vernichtenden Zerstörungen des Ersten Markgrafenkriegs von ihm nicht viel mehr zurückgelassen hatten als den ›steinernen Fuß‹. Dieser bildet noch heute das Untergeschoß des am südöstlichen Rand von Neunhof gelegenen ›Weiherhauses‹, das um 1525 mit den beiden auskragenden Fachwerkobergeschossen und den markanten Zwerchhäusern des Dachausbaus seine charakteristische, später kaum mehr veränderte Gestalt erhielt.
Der turmartige Rechteckbau, dessen Untergeschoß ursprünglich nur Schießöffnungen aufwies – die jetzigen Fenster sind jüngeren Datums – war gut befestigt. Noch immer wird er ringsum von einem ungewöhnlich geräumigen Zwinger umgeben, von einem vier bis fünf Meter breiten, nun trockenen Graben und von Zwingermauern, die allerdings nur noch ein bis zwei Meter hoch sind und nicht mehr überall die ursprünglichen rechteckigen Schießscharten zeigen.

Ornbau, Stadtmauer und Zwinger beim Diebsturm

Ornbau

Stadtmauer

Gemeinde: Stadt Ornbau
Landkreis: Ansbach
nächste größere Orte: Ansbach, Gunzenhausen
zu erreichen: ca. 3 km westl. der B 13 (Abzweig 17 km südöstl. der A 6 Ausfahrt 52 Ansbach; 11 km nordwestl. Gunzenhausen)
außerdem sehenswert: Ortsbild, Altmühlbrücke und Bildstock

In der Aufstellung aller Kirchen, die Bischof Gundekar II. zwischen 1057 und 1075 weihte, ist zum ersten Mal von ›Arenburen‹ die Rede. Die Siedlung im Besitz des Klosters Herrieden entstand vermutlich schon im 9. Jahrhundert und befand sich vom frühen Mittelalter bis zur Säkularisation in Händen des Hochstifts Eichstätt. Als Schirmvögte des Eichstätter Besitzes scheinen die Grafen von Oettingen den 1229 als Markt bezeichneten Ort widerrechtlich befestigt zu haben. Jedenfalls mußten sie auf Befehl König Rudolfs I. von Habsburg im Jahr 1289 ihr Vogteiamt niederlegen und den bestehenden Mauerring abreißen lassen.

Obwohl dem Eichstätter Bischof – 1310 war das Lehen eingezogen worden und Ornbau von da an Sitz eines eichstättischen Amtes – schon im Jahr 1317 erlaubt worden war die kleine Stadt erneut zu befestigen, scheint sie nun bis ins 15. Jahrhundert nur von einem Wall umgeben gewesen

< Nürnberg-Neunhof, ehem. Herrensitz

zu sein. Erst nach der Bestätigung des Befestigungsrechts 1464 durch Kaiser Friedrich III. ließ Bischof Wilhelm von Reichenau jenen kräftigen Mauerring errichten, der im wesentlichen noch heute aufrecht steht.

Nachdem es Bernhard von Weimar im Dreißigjährigen Krieg gelungen war die Stadt einzunehmen – sie wurde niedergebrannt – ließ der Eichstätter Bischof die Mauern im 18. Jahrhundert noch einmal verstärken und das neue Obere Tor mit seiner basteiartig vorgeschobenen Barbakane errichten. Das Bestehende – verloren gingen seit dem frühen 19. Jahrhundert nur einige kleinere Mauerabschnitte – vermittelt einen guten Eindruck vom Aussehen der einstigen Wehranlage, die nur im Süden entlang der ohnehin Schutz bietenden Altmühl als einfache Mauer mit Brustwehr ausgebildet war, an den drei übrigen Seiten aber aus einem doppelten Mauerzug mit dazwischenliegendem Zwinger, einem vorgelagerten Graben mit Futtermauer und dem Wall bestand. Türme – darunter der Weiße Turm an der Südostecke und der ungewöhnlich hohe Diebsturm im Osten – und ausspringende, zum Teil fast grabenbreite Basteien verstärkten diesen Mauerring mit seinen beiden Toren. Während der Turm des Oberen Tors 1829 einstürzte und abgetragen wurde, ist das Untere Tor verhältnismäßig gut erhalten. Die Durchfahrt zeigt noch die Löcher der Riegelbalken und die Schlitze des Fallgatters, und in sechs Metern Höhe sind seitlich am Turm noch die vermauerten Pförtchen zum Wehrgang zu erkennen. Zusammen mit der Mitte des 18. Jahrhunderts erbauten sechsbogigen steinernen Brücke über die Altmühl, dem hl. Nepomuk auf der Brückenbrüstung und dem Bildstock unter den mächtigen Pappeln am jenseitigen Ufer des Flusses bildet das Untere Tor eine der schönsten Veduten des oberen Altmühltals.

Ornbau

Burgruine Pappenheim, Palas und Kanonenweg

Burgruine Pappenheim, Schalentürme der Vorburg

Pappenheim

Burgruine, Stadtmauer

Gemeinde: Stadt Pappenheim
Landkreis: Weißenburg – Gunzenhausen
nächste größere Orte: Treuchtlingen, Weißenburg i. Bay.
zu erreichen: 4 km östl. der B 2 im Altmühltal
zugänglich: Burg mit Falknerei, Botan. Garten, Museum, Folterkammer. 1. November – Ostern 10-17 Uhr; 15. Mai – 5. Oktober 9-18 Uhr, Montags geschlossen
außerdem sehenswert: Stadtbild, Altes Schloß, Galluskirche

Zur Zeit Karls des Großen, als Reginsind, die Witwe des Thurgauer Grafen Berchtold, dem Kloster St. Gallen ausgedehnte Ländereien an der Altmühl übereignete (802), wird ›Pappinheim‹ erstmals greifbar. Die an diese frühe Schenkung erinnernde, am linken Flußufer gelegene Galluskirche dürfte noch im 9. Jahrhundert entstanden sein. Weit wichtiger als das Schweizer Kloster waren für die Entwicklung der in einer weit ausholenden Schleife der Altmühl gelegenen Stadt allerdings die Pappenheimer, ein Reichsministerialengeschlecht, das schon unter den Saliern und Staufern zu Einfluß und hohem Ansehen kam und ab 1193 die erbliche Würde des Reichsmarschallamtes innehatte. Weithin bekannt wurde dank Schillers Schauspiel ›Wallensteins Tod‹ vor allem der als Draufgänger gefürchtete und als ritterlicher Gegner geachtete Gottfried Heinrich von Pappenheim, kaiserlicher Reitergeneral und Feldmarschall im Dreißigjährigen Krieg, der, wie sein Gegner König Gustav Adolf von Schweden, 1632 in der Schlacht bei Lützen tödliche Verwundungen erlitt.

Auf dem langgezogenen, in die Flußschleife vorstoßenden Bergsporn stand wohl schon im frühen 11. Jahrhundert ein ›niedrig aufgebauter Thurn‹. Um die Mitte des 12. Jahrhunderts dürfte dann Heinricus Testa, Marschall Kaiser Friedrichs I. Barbarossa und sicher der fähigste und mächtigste unter den frühen Pappenheimern, jene Burg errichtet haben, an die heute vor allem der quadratische, 25 Meter hohe Bergfried erinnert: Mit seinen sorgfältig aufgemauerten Buckelquadern und einer durchgehenden Mauerstärke von 3,30 Metern ist er der weitaus beeindruckendste Bau der ausgedehnten und bis ins 16. Jahrhundert mehrfach erneuerten und verstärkten, von einem umfangreichen Zwingersystem umgebenen An-

lage. Trotzdem hatte die Burg schon im Dreißigjährigen Krieg – 1633 mußte sie den Schweden übergeben werden – schwer zu leiden. Die Eroberung Pappenheims durch die Franzosen im Jahr 1705 ruinierte sie dann endgültig. Dem Burgenverein Pappenheim e.V. ist es nach 1960 gelungen die Ruine zu sichern, die im wesentlichen aus der Vorburg mit den über dem eingetieften

< Pappenheim, Burgruine

Graben so mächtig aufsteigenden Schalentürmen der Ringmauer, dem ›Preißingerhaus‹ und dem ›Eselsstall‹ (beide 15. Jh.) und der Hauptburg besteht. Jenseits des in den Fels geschlagenen Halsgrabens besetzt sie mit Palas, Kapelle und Bergfried die äußerste Spitze des Bergsporns.
Vom alles überwuchernden Bewuchs befreit, thront die längst zum Wahrzeichen Pappenheims gewordene, der Öffentlichkeit zugänglich gemachte Anlage nun wieder über der Stadt, mit deren Befestigungen sie seit dem 14. Jahrhundert eng verbunden war. Nur diesen mit Schalentürmen gesicherten Verbindungsmauern zur Burg, die heute im Südosten beim sogenannten Kanonenweg besonders gut zu sehen sind, wurde ein Zwinger vorgelegt. Im übrigen konnte man sich, da die zu Füßen des Burgbergs gelegene, nach Süden großenteils durch die Burg gedeckte Siedlung an drei Seiten durch die Altmühl und ihr versumpftes Ufergelände geschützt war, auf eine einfache, zum Teil noch aufrecht stehende Mauer mit gedecktem Wehrgang beschränken, die allerdings durch eine Reihe von Türmen und durch drei Torbauten – erhalten nur das Obere Tor – verstärkt war.

Pleinfeld

Marktbefestigung

Gemeinde: Markt Pleinfeld
Landkreis: Weißenburg – Gunzenhausen
nächster größerer Ort: Weißenburg i. Bay.
zu erreichen: 11 km nördl. von Weißenburg an der B 2

Wahrscheinlich besaßen schon die 1136 auftauchenden Herren von Pleinfeld am linken Ufer der Schwäbischen Rezat eine kleine Burg, die sich nach mancherlei Wechsel schließlich im Besitz der Lidwacher befand. Fritz von Lidwach verkaufte seine Burg im Jahr 1511 an das Hochstift Eichstätt, das schon seit 1302 Eigentümer der Ortschaft war und im 17./18. Jahrhundert an

Pleinfeld, Spalter Tor

Stelle des mittelalterlichen Wehrbaus ein neues Vogteischloß errichten ließ.
Das Marktrecht, das Bischof Wilhelm von Reichenau den Pleinfeldern 1483 zugestanden hatte, wurde drei Jahre später von Kaiser Friedrich III. bestätigt, der auch eine Befestigung des Marktes erlaubte. Es dauerte allerdings Jahrzehnte bis man tatsächlich mit dem Bau der Mauern begann: Erst 1548 ließ Bischof Moritz von Hutten das St. Veiter Tor samt einem Teil des Mauerzugs errichten, der 20 Jahre später unter Bischof Martin von Schaumberg vollendet war. Die damals entstandene Quadermauer, die in Resten noch in einer Höhe von drei bis vier Metern aufrecht steht, verlief in flachem Bogen entlang des langgezogenen Ovals der Ortschaft vom nördlichen Nürnberger Tor über das Spalter Tor im Westen zum St. Veiter Tor im Süden, während man entlang der ganzen durch die Rezat geschützten Ostseite auf jede Befestigung verzichtete. Von den drei Toren steht heute nur noch das 1568 errichtete Spalter Tor mit seinem als Wohnung genutzten Fachwerkobergeschoß.

Regelsbach, Torhaus der Friedhofsbefestigung

Röckenhofen, Torhaus der Friedhofsbefestigung

Regelsbach

Friedhofsbefestigung

Gemeinde: Rohr
Landkreis: Roth
nächste größere Orte: Nürnberg, Schwabach
zu erreichen: Abzweig von der B 14 ca.10 km westlich von Nürnberg, 1 km Nebenstraße nach Süden

Nachdem man die Regelsbacher Pfarrkirche bis ins 18. Jahrhundert immer wieder erweiterte und erneuerte, blieb vom ursprünglichen, 1295 entstandenen Bau nicht viel mehr zurück als das Untergeschoß des Chorturms. Besser bestellt ist es um die Befestigung des Friedhofs, die im 15. Jahrhundert gleichzeitig mit dem neuen Langhaus errichtet wurde: Die Mauern stehen ringsum noch rund vier Meter hoch und den Eingang schützt ein kräftiger, 1759 erneuerter Torturm.

Röckenhofen

Friedhofsbefestigung

Gemeinde: Stadt Greding
Landkreis: Roth
nächster größerer Ort: Greding
zu erreichen: nördlich Greding, 5 km Nebenstraße

In Röckenhofen, das bis 1921 Gredinger Filiale war, blieb vom Bau der mittelalterlichen Chorturmkirche nach den Erweiterungen des 17. und 19. Jahrhunderts nur das Untergeschoß des Turms zurück. Die wohl im 15. Jahrhundert entstandene, 1980/81 renovierte Friedhofsbefestigung ist dagegen ungewöhnlich gut erhalten: An drei Seiten steht sie noch bis zum Ansatz des einstigen Wehrgangs; im Süden, wo auch die ursprünglichen trapezförmigen Schlüsselscharten zu sehen sind, sogar noch in voller Höhe. Hier befindet sich auch der kräftige zweigeschossige Torturm, der mit seinen seitlichen Schießscharten den Eingang deckte und an der Innenseite noch die alte Einstiegsöffnung zeigt.

Rosenberg

Burgruine

Gemeinde: Rügland
Landkreis: Ansbach
nächste größere Orte: Ansbach , Heilsbronn
zu erreichen: nördlich Ansbach, 14 km Nebenstraßen; vom Ortseingang Rosenberg ca. 5 Minuten Fußweg
außerdem sehenswert: Wasserschloß der Freiherrn von Crailsheim in Rügland

Wahrscheinlich errichteten die im Raum Ansbach mehrfach begüterten Herren von Vestenberg, deren Stammburg in der Nähe von Heilsbronn lag und denen spätestens ab 1298 auch Rügland gehörte, die hoch über dem Tal der Mettlach gelegene Burg. 1587, drei Jahre später als Rügland, ging sie in den Besitz der Freiherrn von Crailsheim über, die sich unten im Tal ein neues, im 18. Jahrhundert vergrößertes Wasserschloß errichten liessen und die Rosenberger Burg nicht mehr nutzten. Heute sind von der einstigen Abschnittsburg nur noch überwucherte Mauern, Gräben und Wälle zu finden. Aufrecht steht im einstigen Burgbereich, den die Gemeinde nun als Festplatz nutzt, allein der zweigeschossige Rest eines mit Bruchstein errichteten Eckturms.

Burgruine Rosenberg, Detail des Eckturms

Burgruine Rosenberg, einstiger Eckturm

Roßtal

Friedhofsbefestigung

Gemeinde: Markt Roßtal
Landkreis: Fürth
nächste größere Orte: Nürnberg, Fürth
zu erreichen: Abzweig von der B 14 ca.10 km westlich Nürnberg, 3 km Nebenstraße nach Nordwesten
außerdem sehenswert: Ortsbild, romanische Hallenkrypta unter der Pfarrkirche, Pfarrhaus (bedeutender früher Fachwerkbau), ›Museumshof Roßtal‹ im sog. Gotteslehenhaus

Im Stadtbild von Roßtal verrät nichts mehr die Existenz jener ›Burg‹, die nach der Schlacht zwischen König Otto I. und seinem Sohn Liudolf im Jahr 954 in den Berichten als ›urbs Horsadal‹ und ›Rossadal castellum‹ auftaucht. Dabei befand sich, wie die umfangreichen archäologischen Untersuchungen der jüngsten Zeit ergaben, auf dem nach Nordwesten ausgreifenden Terrassensporn über dem Biberttal schon in karolingischer Zeit ein befestigter Königshof, der mit einem Umfang von mehr als 50 000 Quadratmetern, der sicher vorhandenen Kirche, den Wohn- und Verwaltungsbauten, den Werkstätten, Ställen und Scheunen nicht zu Unrecht auch als Stadt bezeichnet wurde. Die Befestigung bestand zunächst aus einer insgesamt sechs Meter – an der Hangseite fünf Meter – breiten Holz-Erde-Stein-Konstruktion mit vorgeblendeter Trockenmauer und davorliegendem Graben. Im besonders gefährdeten südöstlichen Bereich lag zwischen der Mauer und dem hier 12 Meter breiten und 3,5 Meter tiefen Graben noch eine rund fünf Meter breite Berme. Diese wohldurchdachte Wehranlage wurde in der 1. Hälfte des 10. Jahrhunderts nochmals verstärkt, so daß das Areal zum Zeitpunkt des Kampfes zwischen Vater und Sohn von einer durchschnittlich zehn Meter breiten Mauerkonstruktion umgeben und zur Hochfläche hin durch zwei Gräben – der innere war nun 15 Meter breit – und einen kräftigen Turm gesichert war. Kein Wunder, daß Otto I. nach hartem, für beide Parteien verlustreichem, wegen der Dunkelheit aber unent-

schieden endendem Kampf mit einem stark dezimierten Heer abzog.
Länger als ein halbes Jahrhundert ist danach von Roßtal nicht mehr die Rede. Die Anlage scheint weitgehend aufgegeben gewesen zu sein und befand sich als Schenkung Kaiser Heinrichs II. vielleicht schon im Besitz des Bistums Bamberg als Irmingard von Hammerstein, die Schwägerin der Kaiserin Kunigunde, zwischen 1025 und 1042 jene frühromanische Kirche stiftete, deren kunstgeschichtlich bedeutende Hallenkrypta unter der jetzigen Pfarrkirche St. Lorenz zu finden ist.
Bamberger Hochstiftsvögte waren zunächst die Grafen von Abenberg. Ende des 13. Jahrhunderts konnten die Nürnberger Burggrafen den Besitz übernehmen, die 1328 von Kaiser Ludwig dem Bayern das Stadtrecht für Roßtal erwirkten. Obwohl durch Kaiser Karl IV. im Jahr 1355 bestätigt, hat man das Recht die Siedlung zu befestigen, die noch 1503 als ›großes Dorf‹ bezeichnet wird, nie genutzt. Nur den Friedhofsbereich um St. Lorenz umgab man im 14./15. Jahrhundert mit einer Wehrmauer, die fast völlig erhalten, großenteils aber überbaut ist. An der Nordseite steht noch das Torhaus mit seinem über eine Außentreppe erreichbaren Fachwerkobergeschoß von 1494.

Roth

Stadtmauer, Schloß Ratibor

Gemeinde: Stadt Roth
Landkreis: Roth
zu erreichen: A 9 Ausfahrt 55 Allersberg, 8 km nach Westen; an der B 2, 28 km südl. Nürnberg
zugänglich: Schloß Ratibor von April – September Samstags und Sonntags 13-16 Uhr
außerdem sehenswert: Ortsbild, Stadtmuseum, Fabrikmuseum der Leonischen Industrie, Eisenhammer in Roth-Eckersmühlen

Wahrscheinlich gehörte Roth zu jenen Gütern, mit denen Kaiser Heinrich II. sein neu gegründetes Bistum Bamberg ausstattete. Jedenfalls ist im 12. Jahrhundert ein Bamberger Meierhof nachweisbar, von dem aus die Siedlung in der 2. Hälfte des Jahrhunderts wohl planmäßig angelegt worden sein dürfte. Zunächst im Besitz der Bamberger Hochstiftsvögte, der Grafen von Abenberg, dann der Heidecker, kam Roth 1292 durch Kauf an die Nürnberger Burggrafen. Unter ihnen wurde der an der wichtigen Handelsstraße von Nürnberg nach Augsburg und Italien gelegene Ort Sitz eines später markgräflichen Amtssitzes und zwischen 1358 und 1363 zur Stadt erhoben.
Wenig später scheint man die auf leicht ansteigendem Gelände über dem Rednitztal gelegene Siedlung auch befestigt zu haben. Offensichtlich waren die Mauern aber weder gut fundiert noch besonders stark. Sie mußten wegen der Schäden, die man dem sumpfigen Gelände zuschrieb, mehrfach erneuert werden und leisteten weder den Nürnbergern im Jahr 1450 genug Widerstand, noch den Angriffen im Dreißig- und im Siebenjährigen Krieg oder während der Napoleonischen Kriege. Heute sind von der einstigen, durch Türme verstärkten Stadtbefestigung nur noch über-

< Roßtal, Torhaus der Friedhofsbefestigung

Roth. Schloß Ratibor

baute Mauerreste zu finden. Hat man doch auch die drei Tore, die beiden an der Hauptstraße und das erst 1760 errichtete Neue Tor an der Straße nach Hilpoltstein, im 19. Jahrhundert abgebrochen.
Durchaus wohlerhalten ist dagegen das Schloß, das sich Markgraf Georg der Fromme 1535-1537 von seinem Ansbacher Baumeister Sixt Kornburger an der südwestlichen Ecke der Stadt errichten ließ und das er, da er es aus den Einkünften seiner schlesischen Besitzungen finanzierte, Schloß Ratibor nannte. Es besaß zwar eine eigene Befestigung – erhalten nur die Gräben an der Süd- und Westseite –, war aber von Anfang an in die Stadtbefestigung einbezogen. Erst 1585 kamen allerdings die runden Ecktürme hinzu, die heute, trotz des fehlenden Südost-Turms, der gleichzeitig als Turm des Oberen Tors diente, die Wehrhaftigkeit der um einen Innenhof gruppierten Renaissance-Anlage besonders eindrucksvoll verkörpern.

Rothenburg o.d. Tauber, Röderbogen mit Markusturm

Rothenburg o.d. Tauber, Spitaltor und Bastei >

Rothenburg o.d. Tauber

Stadtmauer

Gemeinde: Große Kreisstadt Rothenburg ob der Tauber
zu erreichen: an der B 25 (Romantische Straße) A 7 Ausfahrt 108 Rothenburg o.d. Tauber
außerdem sehenswert: Stadtbild mit zahlreichen bedeutenden Einzelbauten, u.a. Rathaus, St. Jakobskirche mit Riemenschneider-Altar, Hegereiterhaus, sog. Baumeisterhaus; 7 Museen, darunter Mittelalterl. Kriminalmuseum, Puppen- u. Spielzeugmuseum, Reichsstadtmuseum

Rothenburg ob der Tauber ist Deutschlands berühmteste mittelalterliche Stadt: ein Kleinod des frühen Städtebaus, der Gotik und der Renaissance. Darüber hinaus ist Rothenburg eine Stadt, die mit ihren Mauern, ihren Toren und Türmen die Entwicklung einer mittelalterlichen Stadtbefestigung exemplarisch dokumentiert.
Am Anfang steht die ›Rothe Burg‹, die gegen 970 von Reinger, einem der Grafen von Rothenburg-Komburg, an der Spitze des steil abfallenden, an drei Seiten von der Tauber umflossenen Felssporns 60 Meter über dem Tal errichtet wurde. Im Jahr 1142 ließ der spätere König Konrad III., der 1116 die gräfliche Burg samt den zugehörigen Ländereien in Besitz genommen hatte, östlich dieser Anlage eine zweite Burg errichten. Ihre zunehmende Bedeutung innerhalb der staufischen Territorialpolitik – schon 1167/1168 wird sie als Reichsburg bezeichnet – macht auch der Ehevertrag deutlich, der 1188 zwischen Konrad von Rothenburg, einem Sohn Kaiser Friedrichs I. Barbarossa, und der kastilischen Königstochter Berengaria geschlossen wurde.
Noch unter den Staufern kam es zum ersten planmäßigen Ausbau der Burgsiedlung um den bestehenden Marktplatz, die zunächst wohl nur von Wall und Graben umgeben war. Im späten 12./frühen 13. Jahrhundert entstand dann der erste viertorige Mauerring, der nahezu kreisförmig ent-

lang von Judengasse, Pfeifergäßchen, Pfarrgasse und Altem Stadtgraben verlief und im heutigen Stadtbild durch den Mauerzug zwischen Johanniskirche und Burgtor und durch die beiden erhaltenen Torbauten, den Weißen Turm und den Röderbogen mit dem Markusturm, noch immer in Erscheinung tritt.
Dank dem Freiheitsbrief König Rudolfs I. von 1274 und einer guten Stadtverfassung entwickelte sich Rothenburg noch im 13. Jahrhundert zum reichsunmittelbaren, mehr und mehr aufblühenden unabhängigen Stadtstaat. Als dann das Erdbeben von 1356 die staufische Reichsburg bis auf die Kapelle zerstört hatte, waren die Rothenburger endgültig die Alleinherren in ihrer Stadt.
Die aufstrebende Siedlung, die ihrer wirtschaftlichen Kraft entsprechend bereits 1241/1242 zweimal so viel Steuern entrichten mußte wie Din-

Rothenburg o.d.Tauber, Rödertor

kelsbühl und Weißenburg, hatte sich schon im 13. Jahrhundert um mehr als das Doppelte vergrößert. Unter Heinrich Toppler (1373-1408), dem bedeutendsten Bürgermeister Rothenburgs, der kraftvoll und weitblickend das Wohl der Stadt mehrte und dann doch in ihren Gefängnissen zu Tode kam, befand sich die Reichsstadt auf dem Höhepunkt ihrer Macht.

Ein neuer, der heutige Mauerring entstand, der im späten 14. Jahrhundert durch die Einbeziehung des sogenannten Kappenzipfels, der Spitalvorstadt zwischen Siebersturm und Spitaltor, noch einmal erweitert wurde. Später hat man die Befestigungen nur mehr verstärkt, wobei vier der sechs Tore des äußeren Mauerrings – Klingentor, Würzburger Tor (ehem. Galgentor), Rödertor, Spitaltor – mit ihren Vorwerken einen nahezu burgartigen Charakter erhielten.

3060 Meter lang, mit großenteils noch immer begehbarem Wehrgang, mit insgesamt 43 Tor- und Mauertürmen und weitgehend erhaltenem Zwingersystem, umzieht die mittelalterliche, auf der Talseite weitgehend dem Gelände folgende Befestigung seither die Häuser der Stadt: Brachten doch weder der Bauernkrieg, noch der Dreißigjährige Krieg, in dem Rothenburg dreimal belagert und eingenommen wurde, grundlegende Einbußen. Auch von den verheerenden Feuern, die manche mittelalterliche Stadt einäscherten, blieben die Rothenburger verschont.

Rothenburg o.d. Tauber, Kobolzeller Tor

Schlechter bestellt war es schon nach dem Dreißigjährigen Krieg um die wirtschaftliche Lage der Stadt, deren Wohlstand vor allem in ihrem außergewöhnlich umfangreichen, unter Heinrich Toppler maßgeblich vergrößerten, schließlich 130 Dörfer samt allen zugehörigen Ländereien umfassenden Territorialbesitz begründet war. Gegen 1430 hat die Reichsstadt auch dieses etwa sieben Quadratmeilen große Gebiet wegen der drohenden Hussitengefahr durch eine meist aus Hecken und Palisaden, streckenweise auch aus Wall und Graben bestehende ›Landhege‹ geschützt, deren Zustand durch den ›Hegereiter‹, einen städtischen Beamten zu Pferd, überwacht wurde. An wichtigen Punkten war diese Befestigung zusätzlich durch Türme gesichert, von denen einer noch in Großharbach zu finden ist, längst allerdings zum Wohnhaus umgebaut.

Einen tiefen Einschnitt bedeutete für die Stadt das Ende der Reichsfreiheit und der Anschluß an Bayern im Jahr 1803, bei dem Rothenburg sein ganzes westliches Territorium verlor. Obwohl man damals auch in Rothenburg begann die überkommene Bausubstanz zu dezimieren – die Bastion vor dem Galgentor ging u.a. verloren –, hat sich das Bild der Stadt zunächst nicht wesentlich verändert.

Als die Romantik in der 2. Hälfte des 19. Jahrhunderts den Zauber der Stadt hoch über dem Taubertal entdeckte, begann Rothenburg, nicht zuletzt auch wegen seiner so wohlerhaltenen Stadtmauern, zu einem Anziehungspunkt des Tourismus zu werden und zu jenem Symbol des deutschen Mittelalters, das die Stadt weltweit bekannt gemacht hat.

Rothenburg o.d. Tauber, Talseite der Stadt

Burg Sandsee

Sandsee

Burg

Gemeinde: Markt Pleinfeld
Landkreis: Weißenburg – Gunzenhausen
nächster größerer Ort: Weißenburg i. Bayern
zu erreichen: 15 km nördlich Weißenburg Abzweig von der B 2 nach Osten (noch ca. 1 km)
zugänglich: Privatbesitz (Forsthaus u. Kunstwerkstatt Silesia)

Wahrscheinlich gründeten die Grafen von Hirschberg, dieses weitum versippte und begüterte Geschlecht der Eichstätter Hochstiftsvögte, die Burg ›Sandesehre‹ hoch oben über jener von der Rednitz durchflossenen, von dunklen Kiefernwäldern und weiten Wiesengründen geprägten Keuperniederung, die im Volksmund einfach „Sand" heißt. Graf Gebhard von Hirschberg verkaufte die von Dienstmannen bewohnte Burg im Jahr 1302 an das Hochstift Eichstätt, das Sandsee bis 1806 als Amts- und Jagdschloß nutzte. Die Anlage mußte mehrfach erneuert werden: nicht allein nach dem Ersten Markgrafenkrieg und den Zerstörungen des Dreißigjährigen Krieges, sondern auch nach 1817, nachdem die in der Säkularisation vom Bayerischen Staat übernommene und an Private verkaufte Burg völlig vernachlässigt in den Besitz der Fürsten von Wrede übergegangen war.

Einen recht wehrhaften, in sich geschlossenen mittelalterlichen Eindruck macht die Anlage dennoch, zumal nur die nach Norden an die Ringmauer angefügten dreigeschossigen Wohnbauten und die Gebäudegruppe am Burgtor zum Teil jüngeren Datums sind, während Bergfried und ovaler Bering, die das Bild der Burg entscheidend prägen, noch aus dem späten 12. Jahrhundert stammen.
Mit durchweg zwei Meter starken, rund 12 Meter hohen Buckelquadermauern steigen die Befestigungen an drei Seiten direkt über dem abschüssigen Gelände auf, im Osten über einem beachtlich breiten Halsgraben. Der dort gelegene Eingang dürfte ursprünglich durch ein Vorwerk geschützt gewesen sein, das wahrscheinlich in der Barockzeit abgerissen wurde, als das neue Tor und die steinerne Brücke entstanden. Wohlerhalten ist dagegen der gedeckte Wehrgang, in dessen Höhe man im Jahr 1621 sieben auf Kragsteinen ausspringende Erker mit Schießscharten in die Mauer einfügte. An der stärker gefährdeten Ostseite der Burg steht auch der 27 Meter hohe runde Bergfried. Seine Mauern sind im unteren, 17 Meter hohen älteren Bereich drei Meter dick und mit mächtigen, bis zu 40 cm hohen und einen Meter langen Buckelquadern verkleidet, während der etwas schlankere spätgotische obere Teil kleinere, glatte Quadern zeigt. Das Dach mit seiner Laterne entstand erst nach dem Blitzschlag des Jahres 1782.

Scheinfeld

Stadtmauer, Schloß Schwarzenberg

Gemeinde: Stadt Scheinfeld
Landkreis: Neustadt a.d. Aisch – Bad Windsheim
nächster größerer Ort: Neustadt a.d. Aisch
zu erreichen: B 8, 13 km nordwestlich Neustadt a.d. Aisch Abzweig der Nebenstraße nach Norden (3 km)
zugänglich ist das Schloß bei günstiger Witterung von Mai – Oktober jeden Sonn- und Feiertag um 14 Uhr
außerdem sehenswert: Heimatstuben im Oberen Tor

Schloß Schwarzenberg, Geschützturm u. ›Schwarzer Turm‹

Die 795 bezeugte ›villa scegiveld‹ war Sitz Edelfreier, die sich auf einem der hier nach Süden ausgreifenden Höhenzüge des Steigerwalds eine Burg errichteten, sich nach ihr nannten und mit Berchtold de Swarcenburc im Jahr 1150 erstmals auftauchen. Burg und Ort waren in Händen der Grafen von Castell, der von Hohenlohe und von Vestenberg, bis Erkinger I. von Seinsheim zwischen 1405 und 1421 die Herrschaft fast völlig in seinen Besitz brachte – was noch fehlte erwarben Söhne und Enkel – und als Herr von Schwarzenberg zum Ahnherrn eines der bedeutendsten fränkischen Adelsgeschlechter wurde.
Schon Erkinger I., der seit 1406 Oberjägermeister des Hochstifts Würzburg war und 1415 für den Ort Scheinfeld die Stadtrechte erwirkte, wurde 1429 wegen seiner Verdienste von Kaiser Sigismund in den Reichsfreiherrnstand erhoben. Seine Nachkommen – seit 1566 Reichsgrafen, seit 1671 Reichsfürsten – bauten das enge, vielfältige Netz von Beziehungen zu Kaiser und Reich weiter aus. Schließlich verlagerten sich die Interessen der Familie, die über reiche Besitzungen in Südböhmen (Herzogtum Krumau), in der Steiermark und

in der Krain verfügte, die zahlreiche Ämter am Kaiserhof innehatte und viele bedeutende Heerführer und Diplomaten stellte, mehr und mehr nach Österreich, vor allem nach Böhmen und Wien.

Der Scheinfelder Stammsitz wurde darüber nicht vernachlässigt. Nachdem Bauernkrieg und Zweiter Markgrafenkrieg glimpflich vorübergegangen waren, hatte der Brand des Jahres 1607 schwere Schäden gebracht. Der Wiederaufbau nach den Plänen des Augsburgers Elias Holl und der beiden Nürnberger Jakob Wolff Vater und Sohn verwandelte die mittelalterliche Burg in eine repräsentative Schloßanlage der Renaissance mit ausgedehnten Verwaltungs- und Wirtschaftsbauten. Wall und innerer Halsgraben wurden eingeebnet, die Reste der Schildmauer mit dem Nordosttrakt der unregelmäßigen Vierflügelanlage überbaut. Bestehen blieb jedoch ein Teil der Wehrmauer, die den giebel- und erkergeschmückten Kernbau noch heute an zwei Seiten begleitet und die man sogar noch mit zwei Geschütztürmen - erhalten nur der südöstliche – verstärkte.

Obwohl die Schwarzenberger schon im 17. Jahrhundert ihr fränkisches Schloß kaum mehr nutzten, ließ Johann Adolf I. den Bau nach der Plünderung durch kaiserliche Soldaten im Dreißigjährigen Krieg in den Jahren 1654-1656 völlig erneuern und 1672-1674 anstelle des mittelalterlichen Bergfrieds sogar noch den hohen ›Schwarzen Turm‹ errichten, der sich nun als markantes Denkmal der Erhebung des Hauses Schwarzenberg in den Reichsfürstenstand mit reich gestalteten rustizierten Außenmauern und geschweifter Haube

Schloß Schwarzenberg

über dem Zugang zum Innenhof erhebt. Auch in den Jahren nach dem Zweiten Weltkrieg haben die Fürsten ihr Schloß, das im Dritten Reich konfisziert war und als Gauschulungsburg diente, wieder renoviert. Seit 1951 dient es als Landschulheim.

Wesentlich schlechter bestellt ist es um die Befestigungen Scheinfelds, die wohl schon nach der Stadterhebung 1415 entstanden und nach der Zerstörung durch die Würzburger im Jahr 1462 wenig später unter Sigismund von Schwarzenberg neu errichtet wurden. Im 19. Jahrhundert hat man Wälle und Gräben eingeebnet und fast die ganze dreitorige Anlage niedergelegt. Erhalten blieben außer geringen Mauerresten und dem sogenannten Hebammenturm nur der Obere Torturm, von dem aus die Schwarzenbergerstraße als Lindenallee hinauf zum Schloß führt.

Schnaittach

Festung Rothenberg

Gemeinde: Markt Schnaittach
Landkreis: Nürnberger Land
nächster größerer Ort: Lauf
zu erreichen: in Schnaittach ausgeschildert: ›Festung Rothenberg‹ bis zum Wanderparkplatz Rabenshof. Von dort 15 Min. Fußweg
zugänglich: Mittwoch – Sonntag von 10-17 bzw. 18 Uhr. Führungen (nicht Montags und Dienstags) letztmals 16.30 bzw. 17 Uhr. An Schlechtwettertagen und in den Wintermonaten geschlossen.
außerdem sehenswert: Heimatmuseum in Schnaittach

Von ›sneitaha‹ ist erstmals die Rede als Kaiser Heinrich II. im Jahr 1011 dem Bistum Bamberg neben anderen Ländereien auch den Meierhof

Festung Rothenberg

am östlichen Rand des späteren Nürnberger Reichswalds übereignete. Die allmählich entstehende Siedlung, die wohl immer nur mit Wall und Graben befestigt war, entglitt der Bamberger Oberhoheit schon recht bald und ging in den Besitz der weltlichen Schirmherrn, wahrscheinlich der Grafen von Vohburg über. Die Burg ihrer Ministerialen, die in der 2. Hälfte des 13. Jahrhunderts auftauchen, stand zunächst auf dem Reisberg, dem Alten Rothenberg, wo heute nur noch Wälle und Gräben zu finden sind. Erst unter den Wildensteinern, die kurz vor 1300 die Herrschaft übernahmen und auch die Burg Wildenfels bei Gräfenberg errichteten, dürfte der Burgsitz auf dem Rothenberg östlich von Schnaittach entstanden sein. Er wurde 1360 von Kaiser Karl IV. erworben, der damit einen weiteren Vorposten seiner Hausmacht ›Neuböhmen‹ gewann. Karl IV. ließ seine Neuerwerbung von einem Burggrafen verwalten, legte eine Besatzung von Burgmannen in die Burg und begründete jenes ›Städtchen‹, das mit Graben, Mauern und zehn Türmen befestigt war und dessen letzte Reste nach 1721 abgebrochen wurden, als man für die neue Festung ein freies Schußfeld gewinnen wollte.

Im Jahr 1401 ging der Rothenberg in den Besitz der Wittelsbacher über und wurde so in die Auseinandersetzungen zwischen Markgraf Albrecht Achilles und der Reichsstadt Nürnberg hineingezogen: 1449 konnten die Nürnberger die Vorburg und das davor gelegene Städtchen einnehmen und völlig zerstören. Die Kernburg, die dem Angriff widerstanden hatte, verkaufte Otto II. von Pfalz-Mosbach 1478 samt dem Vorland an eine Ganerbenschaft von 44 fränkischen Rittern, unter denen die Anlage stark ausgebaut wurde. Da sich Otto II. das Öffnungsrecht vorbehielt und die Ganerben die pfälzischen Kurfürsten als Landesherrn anzuerkennen hatten, gelang es den Wittelsbachern die Anlage bis 1698 wieder völlig in ihren Besitz zu bringen. Für die Reichsstadt Nürnberg, der seit dem frühen 16. Jahrhundert nahezu das ganze umliegende Gebiet gehörte, blieb die Burg Rothenberg, die als wehrhafter Mittelpunkt der bayerischen Enklave auch im Dreißigjährigen Krieg und im Spanischen Erbfolgekrieg eine wichtige Rolle spielte, bis zuletzt eine ständige Herausforderung. Zumal Kurfürst Karl Albrecht die 1703 von den Nürnbergern eingenommene und geschleifte Burg schon 1729 –1732 als moderne, bastionierte Festung weit stärker wieder errichten ließ.

Obwohl die Anlage im Österreichischen Erbfolgekrieg ihre Feuerprobe glänzend bestand, war sie bald nicht mehr zeitgemäß. Ihre strategische Bedeutung war schließlich so gering, daß die Festung – sie wurde zuletzt nur noch als Invalidenheim und Strafanstalt genutzt – im Jahr 1838 auf Befehl König Ludwigs I. aufgelassen wurde.

Was der Verfall von der über dem Grundriß eines unregelmäßigen sechszackigen Sterns errichteten Festung zurückließ ist mit den bis zu 19 Meter hohen und im unteren Bereich vier bis sechs Meter dicken Mauern, den sechs Bastionen, den insgesamt 850 Meter langen umlaufenden Kasematten und ihren zahlreichen Schießkammern, den Ruinen der Kasernen für 800 Mann, dem 96 Meter tiefen Brunnen und der kahlen Wucht der Mauern noch immer beeindruckend.

Schwarzenbruck

Herrensitz

Gemeinde: Schwarzenbruck
Landkreis: Nürnberger Land
nächster größerer Ort: Feucht
zu erreichen: B 8 Abzweig Schwarzenbruck–Gsteinach; beim Wegweiser ›Schule, Heimatmuseum‹ von der Ortsdurchfahrt abbiegen, Schloß liegt am Straßenende
zugänglich: nur der Wirtschaftshof
außerdem interessant: einmal im Jahr ›Musiktage im Schloßhof‹; kleines Heimatmuseum im ehemaligen Hirtenhaus

Obwohl König Konrad II. schon im Jahr 1025 in Schwarzenbruck urkundet, ist von einem Ansitz erst vierhundert Jahre später die Rede. Die ursprüngliche, sicher ältere und seit 1502 in Nürnberger Besitz befindliche Wasserburg wurde 1552 im Zweiten Markgrafenkrieg zerstört. Wenig später ließ Sigmund Pfinzing die jetzige, einen klei-

nen Innenhof umschließende Anlage errichten: den östlich orientierten dreigeschossigen Sandsteinquaderbau des eigentlichen Wohntraktes, dessen Erdgeschoß nur kleine Lichtöffnungen und Schießscharten aufweist; die beiden niedrigeren, mit ihren Ecktürmen im 17. Jahrhundert ausgebauten Seitenflügel und den diese beiden Flügel verbindenden, noch schmäleren Quertrakt, der mit seinem Wehrgang Tor und Brücke sichert. Ein breiter gefütterter Wassergraben trennt das Schlößchen vom vorgelagerten, halbkreisförmig von niederen Gesindehäusern des 17./18. Jahrhunderts begrenzten Wirtschaftshof.
Das späte 18. Jahrhundert hat zwar einige der ursprünglichen Wehrgänge und Türmchen beseitigt, doch gehört der hoch über dem felsigen Steilhang des Schwarzachtals gelegene, seit 1876 im Besitz der Herren Petz von Lichtenhof befindliche Herrensitz noch immer zu den besterhaltenen und eindrucksvollsten in der Umgebung Nürnbergs.

Herrensitz Schwarzenbruck

Sinbronn

ehem. Kirchenburg

Gemeinde: Stadt Dinkelsbühl
Landkreis: Ansbach
nächster größerer Ort: Dinkelsbühl
zu erreichen: 5 km Nebenstraße von Dinkelsbühl nach Osten Richtung Wassertrüdingen

Um die Mitte des 13. Jahrhunderts war Sinbronn im Besitz der Oettingischen Truchsessen von Rechenberg. Die Grafen von Oettingen waren damals Patronatsherrn der wohl im frühen 13. Jahrhundert errichteten Kirche, deren Turm noch die romanischen Schallfenster mit den eingestellten, verzierten Säulchen der Erbauungszeit zeigt. Möglicherweise schon um diese Zeit, vielleicht aber auch erst als man im 14. Jahrhundert den Chor der Kirche erbaute, dürfte die Befestigung des Friedhofs entstanden sein, deren Ringmauer noch in einer Höhe von drei bis vier Metern erhalten ist. Alle Ecken des unregelmäßigen Ge-

Sinbronn, Torturm der Friedhofsbefestigung

vierts waren ursprünglich durch Türme verstärkt. Die beiden südlich gelegenen sind nur noch im unteren Bereich erhalten, der nordöstliche Turm wurde in ein Wohnhaus einbezogen. Wohlerhalten ist dagegen der sogenannte Nachtwächtersturm, dieser kräftige Torturm mit seiner schmalen Durchgangsöffnung in Höhe des einstigen Wehrgangs.

Sommersdorf

ehem. Wasserburg

Gemeinde: Burgoberbach
Landkreis: Ansbach
nächste größere Orte: Ansbach, Gunzenhausen
zu erreichen: A 6 Ausfahrt 52 Ansbach, 6 km nach Süden
zugänglich: Gesamtanlage bis auf den Kernbau

Sommersdorf gehörte zu jenen Gütern, die König Arnulf im Jahr 888 zusammen mit dem Kloster Herrieden dem Eichstätter Bischof Erchanbold übereignete und die das Hochstift von da an als Lehen vergab. Herren de Sunnemannesdorf sind allerdings erst vom frühen 13. Jahrhundert an bezeugt. 1314 taucht ein Chunrat von Nazzenfels als Besitzer des Burgsitzes Summanstorf auf; im Jahr 1391 dann jener 1408 verstorbene Ludwig von Eyb, der die bestehende Wasserburg mit ihren beiden ursprünglich gleichartigen, parallel angeordneten Wohntrakten für seine Söhne Martin und Ludwig von Eyb errichten ließ. Die einfachen Verbindungsmauern zwischen den beiden Flügeln ließen einen quadratischen Baukörper mit schmalem Innenhof entstehen, der noch heute von Zwinger, Zwingermauer mit runden, nur im unteren Teil erhaltenen Ecktürmen (der südöstliche fehlt ganz) und rechteckigen Bastionen umgeben und durch einen breiten Wassergraben geschützt ist. An den nördlich gelegenen Wohnbau ist im Hof ein runder Treppenturm angebaut. Dort, wo nun eine steinerne Brücke zum Tor führt, flankiert der kräftige, aus dem Wassergraben aufsteigende Bergfried den Eingangsbereich.

Sommersdorf,

In der 2. Hälfte des 15. Jahrhunderts wurde die Wehrhaftigkeit der Kernburg durch den Bau von Vorwerken verstärkt, die nur zum Teil erhalten sind. Die Wehrgänge südlich und östlich des Grabens dürften damals entstanden sein, aber auch der ›Käschperle‹ genannte runde Turm des nicht mehr vorhandenen mittleren Tors und der Eckturm, der auch als Turm der in die Befestigung einbezogenen neuen Schloßkapelle diente und 1722 sein Fachwerkobergeschoß und das Haubendach mit den gedrehten Graten erhielt.
Im Jahr 1549 verkaufte Hanns Christoph von Eyb den Sommersdorfer Besitz an Wolf von Crailsheim, dessen Nachkommen noch heute dort ansässig sind. Sie fügten dem Kernbau der Burg im 18. Jahrhundert nach Osten den großräumig ummauerten Wirtschaftshof (die Gebäude zum Teil 19. Jh.) und den zweigeschossigen barocken Torturm an.

Sommersdorf, ehem. Wasserburg

Spalt

Stadtmauer

Gemeinde: Stadt Spalt
Landkreis: Roth
nächster größerer Ort: Roth
zu erreichen: B 466 bis Obererlbach oder B 2 bis Röttenbach, jeweils 7 km Nebenstraße nach Osten bzw. Westen
außerdem sehenswert: Ortsbild mit den beiden ehem. Stiftskirchen und typ. Fachwerkbauten (u.a. ehem. Getreidespeicher und Hopfengut Mühlreisig, etwas außerhalb), Feuerwehrmuseum, Heimatmuseum

Am Anfang steht das wohl Ende des 8. Jahrhunderts gestiftete Kloster St. Salvator am südlichen Uferhang der Fränkischen Rezat. Es war im Jahr 810 im Besitz von St. Emmeram in Regensburg, dessen Abtbischof Adalvin zugleich Abt des Klosters an der Rezat war. Schon lange ehe der Nürnberger Burggraf Konrad II., der Fromme,

Spalt, Oberes Tor

Spalt, Schlenzgerhaus (an die Mauer angebaut)

zusammen mit seiner Frau Agnes im Jahr 1294 eine zweite kirchliche Niederlassung – das Chorherrnstift St. Nikolaus, die spätere Pfarrkirche – gründete, scheint sich um das hochgelegene, wohl noch im 9. Jahrhundert in ein Kanonikerstift umgewandelte Kloster eine Fischer- und Handwerkersiedlung entwickelt zu haben. Jedenfalls war Spalt schon ein befestigter Ort (*oppidum*), als es 1297 in den Besitz des Hochstifts Eichstätt überging, bei dem es dann länger als 600 Jahre, bis 1804, verbleiben sollte.

Wahrscheinlich bestand die Befestigung der damaligen Furt- und Straßensiedlung nur aus Wall und Graben, beweisen doch die Wappen der Bischöfe Marquard von Hageln (1322-1324) und Raban Truchseß von Wilburgstetten (1365-1383), daß erst um diese Zeit intensiv an dem steinernen, unter Bischof Wilhelm von Reichenau (1464-1496) verstärkten Mauerring gearbeitet wurde, der die Stadt schließlich mit zwei Toren und neun Türmen umgab.

Im frühen 19. Jahrhundert wurde das nahe der alten Rezatfurt gelegene, um 1390 errichtete Untere Tor abgerissen – nur das kleine Fachwerkhaus, in dem bis 1928 der Zoll eingehoben wurde, steht noch –, 1861 auch der östliche Mauerzug und 1930 fiel der neuen, breiteren Durchfahrt ein Mauerabschnitt östlich des Oberen Tors zum Opfer. Auf weite Strecken aber blieben die Mauern in einer Höhe von drei bis vier Metern, stellenweise sogar bis zu sieben Meter hoch stehen: manchmal noch begleitet vom ursprünglich recht breiten und tiefen Graben, häufig allerdings überbaut und nicht so gut zu sehen wie bei dem um 1700 errichteten sogenannten Schlenzgerhaus. Aufrecht steht neben einigen Türmen – darunter Diebs- oder Hungerturm, Reifen- Schäfer- und Drechslerturm – auch der fünfgeschossige, mit glatten Quadern errichtete hohe Turm des Oberen Tors, dessen Vorwerk zwar bis auf geringe Reste verloren ist, das außen aber noch die Wandschlitze für das Fallgatter zeigt.

Spielberg

Schloß

Gemeinde: Markt Gnotzheim
Landkreis: Weißenburg – Gunzenhausen
nächste größere Orte: Gunzenhausen, Wassertrüdingen
zu erreichen: B 466 südlich Gunzenhausen, in Gnotzheim noch 1,5 km Nebenstraße nach Südosten
zugänglich: privat, Schloßgalerie
außerdem sehenswert: umfassende Aussicht, Skulpturen im Außenbereich

Wo sich der Hahnenkamm mit dem steilen Anstieg seiner am weitesten nach Nordwesten vorgeschobenen Kuppe jäh über das flache Bauernland südlich von Gunzenhausen erhebt, liegt Schloß Spielberg, das sich innerhalb der Zwingermauern auf aussichtsreichem Höhenweg völlig umrunden läßt.

Als erste Inhaber der hochgelegenen Burg tauchen die im 12. und 13. Jahrhundert mehrfach bezeugten Truchsesse von Spielberg auf, Ministerialen der Grafen von Truhendingen. Über die Grafen von Schaumburg, denen Spielberg als Morgengabe der Imagina von Truhendingen zugefallen war und die im Jahr 1360 ihre Burgen Hohentrüdingen, Spielberg und Weiltingen an Ludwig von Oettingen verkauften, kam Spielberg an die Grafen von Oettingen. Das im Riesgau beheimatete, vor allem in Bayerisch-Schwaben reich begüterte Geschlecht, das zuletzt aus den gefürsteten Linien Oettingen-Spielberg und Oettingen-Wallerstein bestand, spielte auch im südlichen Franken eine bedeutende Rolle.

Spielberg kam im Jahr 1806 an Bayern, wurde vom Staat an Private verkauft und 1827 von Fürst Carl Philipp von Wrede ersteigert, der das Schloß seiner Tochter Amalie, Fürstin zu Oettingen-Spiel-

Schloß Spielberg

berg zum Geschenk machte. Seither befindet es sich wieder im Besitz jener Familie, die Spielberg Jahrhunderte hindurch zu eigen hatte.
Über die Baugeschichte der einstigen Burg ist wenig bekannt. Sie wurde im 18. Jahrhundert ausgebaut, dürfte aber bis auf den freistehenden Glockenturm von 1627 im wesentlichen aus der Zeit um 1400 stammen. Eine Allee alter Linden führt heute hinauf zu der annähernd ovalen Anlage, die ringsum von den über Steilhang und Graben aufsteigenden Zwingermauern und dem im Westen und Südwesten sehr breiten Zwinger umgeben wird. Ein Oval umschließen auch die Mauern des rund fünf Meter hohen inneren Berings, mit dem die Außenmauern des hohen zweiflügeligen Wohnbaues völlig verschmelzen.

Sugenheim

Altes Schloß

Gemeinde: Markt Sugenheim
Landkreis: Neustadt a.d. Aisch – Bad Windsheim
nächster größerer Ort: Neustadt a.d. Aisch
zu erreichen: B 8, Abzweig 8 km nordwestlich Neustadt a.d. Aisch, 6 km Nebenstraße nach Westen
zugänglich: Inneres im Rahmen eines Besuchs im ›Spielzeugmuseum im Alten Schloß‹, geöffnet Ostern – 1. Advent an Samstagen, Sonn- und Feiertagen von 14-17 Uhr

Obwohl die Ortschaft Sugenheim schon 1298 auftaucht, ist von einer Burg erst 1376 die Rede: Möglicherweise handelt es sich schon um das jetzige ›Alte Schloß‹, das der Ritter Hans Zolner damals von den Grafen von Castell zu Lehen erhielt. Jedenfalls dürfte die im Kern erhaltene einstige Wasserburg schon im 14. Jahrhundert errichtet worden sein. Im Jahr 1412 ging sie in den Besitz der Herren von Seckendorff über, deren weitverzweigtes Geschlecht bedeutenden Grundbesitz aufbauen konnte und sich um Sugenheim schließlich ein nahezu geschlossenes Herrschaftsgebiet schuf.
Im Bauernkrieg brannte die Burg nieder. Sie soll von den Brandstiftern nach 1529 wiederhergestellt

Sugenheim, Altes Schloß

worden sein, erlebte aber im späten 16. Jahrhundert durch den Einbau des Treppenturms und der Hofarkaden jene Veränderungen, die der dreiflügeligen Anlage mit dem nach Westen offenen Hof und den vier wuchtigen runden Ecktürmen im wesentlichen ihr heutiges Aussehen gaben. Der spätere Ausbau unter Freiherr Alexander von Seckendorff, der auch das ›Neue Schloß‹ gotisierend erneuerte und einen neuen Schloßpark anlegen ließ, verkürzte 1806-1812 nur mehr die ursprünglich höheren Ecktürme und brachte mit der weißen Bänderung des Verputzes eine zusätzliche optische Gliederung der Architektur.

Veitsbronn

Friedhofsbefestigung

Gemeinde: Veitsbronn
Landkreis: Fürth
nächster größerer Ort: Fürth
zu erreichen: ca. 3 km nördlich der B 8 zwischen Langenzenn und Fürth; im Ort dem Schild ›Friedhof‹ folgen,wenn man sich die vielen Stufen zur Kirche ersparen will
außerdem sehenswert: Inneres der Kirche

Eine Treppe mit 107 Stufen führt vom ›Veitsbronnen‹, der dem Ort seinen Namen gab und dessen

Veitsbronn, ehem. Wehrgang der Friedhofsbefestigung

Quellwasser den Wallfahrern lange Zeit bei allen Augenleiden als heilsam galt, hinauf zu der hoch über dem Zenngrund gelegenen, dem hl. Veit geweihten einstigen Wallfahrtskirche. Die Chorturmkirche, die noch ihr gotisches Portal mit dem ursprünglichen Beschläg besitzt und sich durch eine qualitätvolle Altarausstattung (nürnbergisch, 15. Jh.) auszeichnet, dürfte noch im 14. Jahrhundert erbaut worden sein. Wahrscheinlich entstand um diese Zeit – die Kirche befand sich seit 1337 im Besitz des Nürnberger Heiliggeist-Spitals – auch die Friedhofsbefestigung. Ihren Torturm hat man 1827 abgebrochen und durch ein einfaches Tor ersetzt. Die Mauern mit dem offenen Wehrgang, mit der zu ihm hinaufführenden Steintreppe und den zahlreichen rechteckigen Schießscharten sind jedoch weitgehend erhalten und nur zum Teil modern ergänzt.

Virnsberg

ehem. Deutschordensburg

Gemeinde: Markt Flachslanden
Landkreis: Ansbach
nächster größerer Ort: Ansbach
zu erreichen: B13 nördlich Ansbach, von Gräfenbuch und Oberdachstetten jeweils 7 km Nebenstraße nach Nordosten bzw. Osten
zugänglich: nein, Privatbesitz

Als erste urkundlich nachweisbare Besitzer des staufischen Reichslehens erscheinen Ludwig und Alberich von Virnsberg, die nach der niedergeschlagenen Empörung Heinrichs gegen seinen Vater Kaiser Friedrich II. im Jahr 1235 die Hälfte ihres Virnsberger Besitzes an die Grafen von Hohenlohe abtreten mußten. Gottfried von Hohenlohe verkaufte diese Hälfte noch im gleichen Jahr an den Nürnberger Burggrafen Konrad I., dem es 1259 gelang auch das Übrige zu erwerben. Schon 35 Jahre später übereignete Burggraf Konrad II., der Fromme, dessen drei Söhne Ordensritter geworden waren, Burg und Herrschaft Virnsberg dem Deutschen Orden. Virnsberg wurde Deutschordenskommende, deren Grenzen selbst die Markgrafen anerkennen mußten. Als souveräne katholische Enklave inmitten der Ansbacher Ländereien fiel es 1806 an Bayern.
Kommt man von Süden, so sieht man kurz nach dem Abzweig von der Straße Wippenau–Hainklingen wie eindrucksvoll die Burg das flache Bauernland ringsum beherrscht.
Die stattliche, vor allem mit der hohen Stützmauer des Berings bis in die Zeit vor 1294 zurückgehende Anlage ist Höhen- und Wasserburg zugleich. Besteht sie doch nicht allein aus der hoch oben auf ihrem Bergkegel thronenden, einen inneren und einen äußeren Burghof umschließenden polygonalen Hauptburg mit ihren mehrstöckigen Wohnbauten und dem achteckigen überkuppelten Bergfried, die ihr heutiges Aussehen während der durchgreifenden Umbauten der Jahre 1559

ehem. Deutschordensburg Virnsberg >

und 1588 erhielten. Zur Gesamtanlage gehört auch eine wesentlich tiefer liegende Vorburg mit umfangreichen, um 1700 entstandenen Wirtschaftsbauten, die im Süden und Osten vom Wasser des Schloßgrabens und des Schloßweihers begleitet werden.

Weißenburg i. Bay.

Stadtmauer, Festung Wülzburg

Gemeinde: Große Kreisstadt Weißenburg i. Bay.
zu erreichen: Weißenburg liegt an der B 2; zur Wülzburg führt eine beschilderte Auffahrt
außerdem sehenswert: Ortsbild, Pfarrkirche, ›Römermuseum Weißenburg‹, Römische Thermenanlage, Einhornapotheke
zugänglich: Hof und Wallanlage der Wülzburg; auf aussichtsreichem Fußweg läßt sich die ganze Festung umrunden

Unter den Römern lag hier das um 90 v. Chr. errichtete, zunächst mit einer Holz-Erde-Konstruktion befestigte Auxiliarkastell Biriciana. Es wurde im Zug des Limes-Ausbaus vor 153 n.Chr. in ein 27 400 Quadratmeter großes ummauertes Kastell umgewandelt und ging rund hundert Jahre später im Ansturm der Alamannen zugrunde. Das einstige Nordtor, die porta decumana, hat man 1989/1990 rekonstruiert.

Weißenburg i. Bay., Scheibleinsturm

Zur Keimzelle der heutigen Stadt wurde der im Jahr 867 auftauchende, weiter östlich am Rand der Talniederung der Schwäbischen Rezat gelegene karolingische Königshof ›Uizinburc‹, an den der noch heute ›Am Hof‹ genannte Dreiecksplatz im Südosten der Pfarrkirche St.Andreas erinnert. Die bald entstehende, im 12. Jahrhundert in die Reichspolitik der Staufer einbezogene Siedlung, der auch die Lage am alten Handelsweg von Augsburg nach Nürnberg zugute kam, wurde ab 1241 als Stadt bezeichnet. Sie dürfte um diese Zeit schon von jener ersten Stadtmauer umzogen gewesen sein, zu der das noch bestehende, 1729 erneuerte Spitaltor gehörte.

Im Jahr 1338 schenkte Kaiser Ludwig der Bayer den Weißenburgern den großen Reichsforst, der für die Reichsstadt und ihre wirtschaftliche Blüte im 14./15. Jahrhundert von größter Bedeutung war. Die damals rasch anwachsende Bevölkerung ließ südlich der von Bleiche und Spitalweiher begleiteten Mauern ein neues Stadtviertel entstehen. Nachdem Kaiser Karl IV. im Jahr 1372 dessen Befestigung ausdrücklich genehmigt hatte, entstand ein zweiter Mauergürtel, der das Stadtgebiet nahezu verdoppelte. Er war so großzügig bemessen, daß es noch im 19. Jahrhundert, als man den Spitalweiher zuschüttete und Frauentor und Oberes Tor abriß, innerhalb der Mauern große unbebaute Flächen gab. Zu Beginn des 15. Jahrhunderts scheint der gesamte Mauerring mit seinen gedeckten Wehrgängen, mit Graben, Wall und in die Befestigung einbezogenen Weihern, mit drei Toren und den einander im engen Abstand von 130 bis 160 Meter folgenden, weit ausspringenden rechteckigen Türmen vollendet gewesen zu sein. Nur die Vorwerke der Tore kamen erst im frühen 16. Jahrhundert hinzu.

Zu Beginn des Dreißigjährigen Krieges war Weißenburg also ungewöhnlich gut befestigt. Trotzdem mußte die Stadt viel erleiden: Hatten sich in ihren Mauern doch die Schweden verschanzt, während die Kaiserlichen auf dem na-

Weißenburg i. Bay., Stadtmauer beim Seeweiher

hen Wülzburger Berg saßen und von dort oben die Häuser in Brand schossen.

Auf diesem nach drei Seiten stark abfallenden Höhenrücken, der die Täler von Altmühl und Rezat gleichermaßen beherrscht, befand sich zunächst ein Benediktinerkloster. Es kam nach der Ermordung des Abtes Heinrich durch den Prior im Jahr 1395 aus den Schwierigkeiten nicht mehr heraus und wurde 1537 schließlich durch den zum Schutzherrn bestimmten Markgrafen Georg den Frommen von Ansbach aufgehoben. Ein halbes Jahrhundert später beauftragte Markgraf Georg Friedrich, der sich im Süden seiner Ländereien eine starke Landesfestung wünschte, Rochus Graf zu Lynar und seinen Ansbacher Baumeister Blasius Berwart d.Ä. mit der Planung der Wülzburg. 1588 begann man mit dem rasch emporwachsenden Bau, an dem auch Gideon Bacher und Blasius Berwart d.J. mitwirkten. Es entstand

Weißenburg i. Bay., Wülzburg, Bastion ›Roßmühle‹

eine der modernsten Anlagen der damaligen Zeit: eine fünfeckige Artilleriefestung, die mit ihren Vorwerken, dem in den Fels geschlagenen, breiten und tiefen, mauergefütterten Trockengraben und den mächtigen kasemattierten Bastionen auf alle überkommenen Befestigungsmittel einer mittelalterlichen Burg verzichtete und noch heute mit der kantigen Wucht ihrer mächtig aufsteigenden Mauern beeindruckt. Daß zu dieser Zeit auch

Weißenburg i. Bay., Eingangsportal der Wülzburg

ein reiner Zweckbau wie die Wülzburg nicht auf jeden Schmuck und Komfort verzichten wollte, beweisen das repräsentative Eingangsportal und die Gestaltung der beiden Flügel des Schlosses – geplant waren fünf – mit offenen dreigeschossigen Arkaden und Reittreppe. Noch während der Besatzung durch die kaiserlichen Truppen brannte das Schloß ›weil der Köchin das Schmalz brennend geworden‹ völlig nieder.

Nach dem Ende des Dreißigjährigen Krieges liessen die Weißenburger ihre Mauern, der Ansbacher Markgraf Schloß und Festung wieder herstellen, die er nun als Gefängnis für politische Gefangene und Schwerverbrecher nutzte. Am Grundlegenden änderte sich danach nicht mehr viel: Die Schloßarkaden wurden teilweise zugesetzt, ein neuer Küchenbau (heute Gaststätte) frei in den Hof gestellt und unter König Ludwig I. von Bayern errichtete man 1825-1831 zur Entlastung der Brunnenanlage im Schloß – zwei Mann brauchten dort 35 Minuten um mit Hilfe eines Tretrads einen Kübel Wasser aus dem 133 Meter tiefen Schacht zu fördern – noch eine große Zisterne im Hof. Letztlich blieb die Wülzburg ein Festungsbau, dem innerhalb Deutschlands in seiner Bedeutung für die Entwicklung der Wehrtechnik und in seinem guten Erhaltungszustand nicht viel an die Seite zu stellen ist.

Seit 1882 ist die Wülzburg, die 1867 ihre Festungseigenschaft endgültig verlor, im Besitz der Stadt Weißenburg. Schon 1870/71, aber auch im Ersten und im Zweiten Weltkrieg wurde die einstige Festung als Kriegsgefangenenlager genutzt – 1918 war auch Charles de Gaulle dort in Haft – und nach 1945 fanden mehr als 10 000 Flüchtlinge in der Wülzburg eine erste Zuflucht. Inzwischen läßt sich die Stadt die sachgemäße Wiederherstellung der Wülzburg ebenso angelegen sein wie den Unterhalt ihrer Stadtmauer, die zu den besterhaltenen Frankens zählt. Im Ellinger Tor besitzt sie das besonders schöne Beispiel einer Toranlage, in der sich wehrtechnische Zweckmäßigkeit und architektonischer Anspruch aufs gelungenste ergänzen.

Weißenburg i. Bay., Ellinger Tor >

Wendelstein

Friedhofsbefestigung

Gemeinde: Markt Wendelstein
Landkreis: Roth
nächste größere Orte: Schwabach, Nürnberg, Feucht
zu erreichen: Stadtautobahn Nürnberg Ausfahrt Nürnberg-Süd, 2 km nach Südwesten
außerdem sehenswert: Inneres der Kirche mit gutem Flügelaltar von 1510, Heimathaus

Wendelstein war ursprünglich ein zum Nordgau gehörender königlicher Wirtschaftshof, der anläßlich der Verpfändung durch König Rudolf I. von Habsburg im Jahr 1282 erstmals genannt wird. Das ganze Mittelalter hindurch wurde die entstehende Siedlung als Dorf bezeichnet, obwohl sie, geschützt durch Zaun und Graben, weit eher den Charakter eines Marktes besaß. Unter den häufig wechselnden Besitzern tauchen zunächst neben den Herren von Wendelstein – an der Stelle ihres Stammsitzes steht jetzt das im 17. Jahrhundert erbaute ›Schlößchen‹ neben der Kirche – und den Nürnberger Burggrafen auch Nürnberger Patrizierfamilien auf.
Von 1467 an befanden sich dann drei Viertel des einstigen Reichsguts in Händen des Nürnberger Heiliggeist-Spitals, ein Viertel im Besitz der Markgrafen von Ansbach. Die niedere Gerichtsbarkeit wechselte zwischen ihnen in regelmäßigen Abständen. Die Blutgerichtsbarkeit aber blieb bis zuletzt zwischen Nürnberg und Ansbach strittig, was Wendelstein, dessen Bewohner großenteils Nürnberger, zum Teil aber auch Ansbacher Untertanen waren, noch stärker in die erbitterten Auseinandersetzungen zwischen der Reichsstadt und der Markgrafschaft hineinzog. Schon im Ersten Markgrafenkrieg wurde der Ort von den markgräflichen Truppen völlig niedergebrannt.
Kein Wunder, daß man den häufig als letzte Zuflucht dienenden Friedhof noch im 15. Jahrhundert besonders stark befestigte. Trotzdem blieb der Ort, in dem es vor allem Handwerker und zumal ›Messerer‹ gab, über die der Rat der Stadt Nürnberg gebot, weder im Zweiten Markgrafenkrieg noch im Dreißigjährigen Krieg verschont. Heute sind die über dem Steilhang des Schwarzachtals beeindruckend hoch aufragenden Mauern mit ihrem Wehrgang zum Teil überbaut. Dem kräftigen Torhaus fügte man bei der Renovierung der Gesamtanlage in den Jahren 1882-1892 im romantisierenden Geist der Zeit die beiden Ecktürmchen an.

Wendelstein, Torhaus der Friedhofsbefestigung

Wernfels

Burg

Gemeinde: Stadt Spalt
Landkreis: Roth
nächste größere Orte: Windsbach, Abenberg, Spalt, Gunzenhausen
zu erreichen: B 466, 14 km nördlich Gunzenhausen Abzweig nach Osten, noch 1,5 km
zugänglich: Innenhof und aussichtsreiche Terrasse

Der Nürnberger Burggraf Konrad I. (ca. 1204-1260) errichtete möglicherweise über den Resten einer älteren, staufischen Anlage jene Burg, die 1269 als burggräfliches Lehen im Besitz der Reichsministerialen Rindsmaul erscheint. Schon

15 Jahre später trennte sich Albert Rindsmaul wieder von seiner Burg in ›Werdenfels‹. Neuer Eigentümer wurde das Hochstift Eichstätt, das 1286 von König Rudolf auch den umliegenden Reichsforst erwerben konnte. Durch weitere Ankäufe von Gütern und Ländereien rings um das 1297 in ihren Besitz gekommene Spalt gelang es den Eichstätter Bischöfen bis zum Ende des 16. Jahrhunderts ein umfangreiches Herrschaftsgebiet aufzubauen, dessen Pfleger bis zur Säkularisation auf Burg Wernfels residierten.

1809 verkaufte der bayerische Staat die Burg für 600 Gulden an Private. Mehrfach in anderen Händen, wurde sie zunehmend zur Ruine. Erst der Münchner Schlachtenmaler Louis Braun ließ die Burg nach 1882 wiederherstellen. Obwohl der romantisierende Geist dieser Erneuerung nicht zu übersehen ist, bietet die Hauptburg nun weitgehend wieder das Bild der um 1600 unter Bischof von Gemmingen umgebauten Anlage. Auf einem schmalen, nach drei Seiten steil zum Rezattal abfallenden Höhenrücken gelegen, wird sie von der fast völlig verschwundenen Vorburg durch einen Halsgraben getrennt. Beiderseits des kräftigen Torhauses, das sich mit glatten Quadern gegen diesen Graben vorschiebt, ist noch ein Teil des einstigen Berings in einer Höhe von rund fünf Metern erhalten. Sonst dient er ringsum nur noch als Unterbau der Terrasse, die den dreigeschossigen, über winkelförmigem Grundriß errichteten Palas mit seinem polygonalen Treppenturm umzieht. Im Inneren haben sich noch alte Gewölbe und Balkendecken erhalten. An den ehemaligen großen Saal erinnern aber allein die zum Teil zugesetzten gekuppelten Rundbogenfenster im Buckelquadermauerwerk der Nordseite.

Die seit 1925 im Besitz des CVJM befindliche Burg wird heute als Jugendherberge, als Schullandheim und Tagungsstätte genutzt.

Burg Wernfels

Windsbach

ehem. Burg, Stadtmauer

Gemeinde: Stadt Windsbach
Landkreis: Ansbach
nächster größerer Ort: Schwabach
zu erreichen: A 6 Ausfahrt 54 Neuendettelsau, 8 km Nebenstraße nach Süden
außerdem sehenswert: Gottesruhkapelle

Obwohl Windsbach vielleicht schon im 9. Jahrhundert als eine der fränkischen Urpfarreien gegründet wurde, ist von dem Ort an der alten Heerstraße von Nürnberg über Ulm nach Straßburg nicht vor dem Jahr 1130 die Rede. Der sicher weit ältere Burgsitz der Herren von Windsbach, Ministerialen der Grafen von Oettingen, taucht urkundlich gar erst 1253 und damit nur knapp ein Vierteljahrhundert früher auf als die Bezeichnung ›Stadt‹ (oppidum) für die am Hang über der Rezatfurt entstandene Siedlung.
Graf Ludwig von Oettingen trennte sich von seinem Windsbacher Besitz: 1275 verkaufte er einen Teil an Wolfram von Dornberg, 1281 den Rest an den Nürnberger Burggrafen Friedrich III. Dessen

Windsbach, sog. Stadtturm

Nachkommen konnten bis 1400 die ganze Ortschaft erwerben, die von da an bis 1806 zollernscher Besitz blieb und Sitz eines markgräflichen Amtmanns wurde. Die Befestigung der Kirche ist verschwunden. Auch von der Burg blieb nicht viel mehr zurück als der längst zum Wahrzeichen gewordene Bergfried, der sogenannte Stadtturm auf dem einstigen Burghügel inmitten der Stadt. Etwas besser ist es um die im 13./14. Jahrhundert entstandene Stadtbefestigung bestellt: Der Graben wurde zwar ringsum aufgefüllt; auch hat man Anfang des 19. Jahrhunderts alle Türme abgerissen und von den Mauern, soweit sie nicht überbaut sind, nur geringe Reste zurückgelassen. Immerhin stehen aber noch die beiden in der Barockzeit umgestalteten Tore: das obere Schwabacher Tor und das untere Brücktor.

Wolframs-Eschenbach

Stadtmauer

Gemeinde: Stadt Wolframs-Eschenbach
Landkreis: Ansbach
nächste größere Orte: Ansbach, Gunzenhausen
zu erreichen: A 6 Ausfahrt 53 Lichtenau, 6 km Nebenstraßen nach Süden
außerdem sehenswert: Ortsbild mit bedeutenden Einzelgebäuden, Pfarrkirche – früheste Hallenkirche Frankens – mit Ausstattung, Wolfram-von-Eschenbach-Museum

Nur die Flurbezeichnung ›Burgstall‹ im Südosten der heutigen Stadt erinnert an den Sitz der Herren von Eschenbach, die dem niederen Adel angehörten und deren bedeutendstem Familienmitglied, dem Dichter des ›Parzival‹, die Stadt Wolframs-Eschenbach seit 1917 ihren heutigen Namen verdankt: Wurde Wolfram von Eschenbach doch nicht nur gegen 1170 hier geboren, er fand gegen 1220 in der damals befestigten Pfarrkirche auch sein im 15. und 17. Jahrhundert bezeugtes, inzwischen verschollenes Grab.
Der Ort Eschenbach ist sicher älter als nach dem ersten Hinweis – Bischof Gundekar II. von Eichstätt weiht zwischen 1057 und 1075 eine Kirche – zu vermuten wäre. Jedenfalls war Eschenbach

Wolframs-Eschenbach, Barbakane des Oberen Tors

längst Pfarrei, als Ende des 12. Jahrhunderts die Grafen von Wertheim-Rieneck als Schutzvögte auftauchen. Sie überließen zwischen 1210 und 1220 zunächst die Pfarre ›Eschinbahc‹, rund hundert Jahre später auch ihre dortigen Güter dem Deutschen Orden, der bis zur Mitte des 14. Jahrhunderts die ganze Ortschaft in seinen Besitz bringen konnte.

Wie das Wertheimer Wappen am Unteren Tor und die im unteren Bereich verwendeten Buckelquader des Oberen Tors beweisen, hat man schon im 13. Jahrhundert mit der Errichtung des Mauerrings begonnen, obwohl Kaiser Ludwig der Bayer dem Landkomtur Heinrich von Zipplingen erst im Jahr 1332 erlaubte den Markt Eschenbach mit ›Steinwerk, Holzwerk und Gräben zu umgeben‹. Die Arbeiten zogen sich hin. Noch 1429 erhielt der Komtur Simon von Leonrod vom Eichstätter Bischof die Erlaubnis in den hochstiftischen Steinbrüchen bei Heideck und am Lindlberg Steine zum Bau von Kirche und Befestigungen zu brechen. In der 1. Hälfte des 15. Jahrhunderts scheint alles vollendet gewesen zu sein. Man hatte allerdings nicht nur den Mauerring mit seinen Türmen und den beiden, durch Vorwerke verstärkten Toren errichtet und die Stadt mit Zwingermauern, Graben und Wall umgeben. Ganz Eschenbach wurde auch mit einem planmäßig angelegten System gewölbter, die Anwesen miteinander verbindender Gänge unterkellert und in der Tiefe mit eigens angelegten Brunnen versehen.

Später hat man nicht allein die Schäden des Dreißigjährigen Kriees rasch wieder behoben. Bis ins 19. Jahrhundert wurden die Befestigungen immer wieder erneuert und als man im Jahr 1813 die Stadtgräben an Private verkaufte, mußten sich die neuen Besitzer sogar verpflichten, die angrenzenden Teile der Stadtmauer zu unterhalten. Kein Wunder, daß das auf seine Geschichte so stolze Wolframs-Eschenbach heute nicht nur das kaum angetastete Bild eines fränkischen Ackerbürgerstädtchens bietet, das unter seiner geistlichen

Wolframs-Eschenbach, Unteres Tor

Herrschaft Aufschwung und wirtschaftliche Blüte erlebte und mit seinen repräsentativen Bauten – Ordensvogtei, Fürstenherberge, Deutschordensschloß – eine der frühesten befestigten Residenzen des Deutschen Ordens in ganz Deutschland ist. Ungewöhnlich gut erhalten sind auch die mittelalterlichen Befestigungen, die Wolframs-Eschenbach ganz ohne Unterbrechung umziehen und im Norden und Osten noch von den ursprünglich in das Wehrsystem der Stadt einbezogenen Teichen begleitet werden.

Wolframs-Eschenbach, Stadtmauer beim Hungerturm

Glossar

Allod: *Eigenbesitz eines Adeligen an Land und Leuten*

Auxiliar-Kastell: *unter den Römern* kleinere Befestigungsanlage für Hilfstruppen

Barbakane: auch Vorwerk; einem Burg- oder Stadttor vorgelagerte, oft halbrunde zusätzliche Torsicherungsanlage

Bastion: aus der Umfassungslinie einer Befestigung (Festung) vorspringendes Außenwerk zur Bekämpfung eines Angreifers innerhalb des Grabens

Batterieturm: meist halbrunder, mehrgeschossiger Rundturm zum Aufstellen von Geschützen

Bergfried: allgemein üblich gewordene Bezeichnung für den Hauptturm deutscher Burgen, der besonders hoch und stark, an der exponiertesten Stelle steht; diente zur Beobachtung des Umlandes und im Fall einer Eroberung als letzte Zuflucht (daher auch die sehr hoch gelegene, nur mittels einziehbarer Leiter erreichbare Einstiegsöffnung)

Bering, auch Ringmauer, Mauerring: rings um eine Burg oder Stadt aufgeführte starke Mauer, die durch Türme, Wehrgang, Schießscharten etc. zur Verteidigung eingerichtet ist

Berme: bei mittelalterlichen Burgen die 2-3 Meter breite ebene Fläche zwichen Mauer und Graben

Bollwerk: Rundbastion; bezeichnet oft auch eine starke Verteidigungsstellung

Buckelquader: auch Bossenquader, seit dem 11. Jahrhundert und besonders zur Stauferzeit häufige Form der großen Werksteine, bei denen die sichtbare Fläche roh behauen ist

Burgstall: üblich gewordene Bezeichnung für den Platz, an dem sich ursprünglich eine Burg befand; meist ohne sichtbares Mauerwerk

Butigler: ursprünglich Mundschenk; im Raum Nürnberg erster Ministeriale und oberster, für die Wälder zuständiger Verwaltungsbeamter, Vorgesetzter der Förster und Jäger

castellum (lat.)**, Kastell:** befestigter Platz; kleinere (meist regelmäßig quadratische) Befestigungsanlage, auch Burg

castrum (lat.): römisches Militärlager, meist regelrecht angelegter befestigter Stützpunkt

Doppelkapelle: Burgkapelle, deren beide Geschosse durch Öffnung der Zwischendecke miteinander verbunden sind; Herrschaft und Gefolge können so gleichzeitig und doch von einander getrennt am Gottesdienst teilnehmen

Dürnitz: geheizter großer Raum; in mittelalterlichen Burgen meist Aufenthaltsraum der Gefolgsleute

Dynastenburg: befestigter, auch der Verwaltung dienender Sitz eines Herrschergeschlechts

Erker: bei mittelalterlichen Befestigungsanlagen ein meist auf Kragsteinen aus einer Turm- oder Ringmauer vorspringender Vorbau, um den Angreifer am Mauerfuß bekämpfen zu können; beim sogenannten Gießerker dient die Öffnung im Boden zum Herabschütten von kochendem Wasser, siedendem Öl oder heißem Pech (daher auch Pechnase); beim Wurferker lassen sich Steine und ähnliches auf den Angreifer werfen; Abtritterker dienen natürlichen Bedürfnissen

Fallgatter: kräftiges eisernes Sperrgitter, das vor einem Tor in Laufschienen herabgelassen werden kann

Fehde: der ›kleine Krieg‹ zwischen zwei Adeligen oder ihren Familien

Fliehburg: durch Graben, Wall und Palisaden geschützter, meist hochgelegener Platz, der in frühgeschichtlicher Zeit im Notfall einer größeren Zahl von Menschen als Zuflucht diente

Ganerbenburg: in der Regel größere Burg, die von mehreren Erben oder Besitzern gemeinschaftlich (›zu gesamter Hand‹) und meist durch Aufteilung des Burgraums genutzt wird

Grundherrschaft: die sich aus der Gewalt des ›Hausvaters‹ ableitenden Rechte des Grundeigentümers (König, Adel, Kirche, Stadt) über das Land und die darauf ansässigen Unfreien, die zu Abgaben und Dienstleistungen verpflichtet sind und seiner Gerichtsbarkeit unterstehen

Halsgericht: auch Blutgerichtsbarkeit, die einem Adeligen für sein Herrschaftsgebiet bewilligt wird und als Gericht ›über den Hals‹ (das Leben) Kapitalverbrechen ahndet

Halsgraben: Graben, der eine auf der Spitze einer Bergzunge gelegene Burg vom Hinterland trennt; meist tief und breit, zum Teil in den Fels geschlagen, manchmal mit gemauerten Wänden

Hauptburg: bei größeren Anlagen die meist an höchster Stelle gelegene Kernburg oder innere Burg, die durch einen Halsgraben von der Vorburg getrennnt und so doppelt geschützt ist

Hausmeier: unter den Merowingern zunächst Vorstand der königlichen Hofhaltung und des kriegerischen Gefolges

Heimfallrecht: Rückfall eines – meist durch den Tod des Lehensnehmers – erledigten Lehens an den Lehensherrn

Hochstift: Bezeichnung für die mittelalterlichen Bistümer und deren Domkapitel, auch für Reichsabteien und geistliche Fürstentümer; bezieht sich vor allem auf deren weltliche Territorien

Kasematten: schußsichere Unterstände in den Festungen des 17. und 18. Jahrhunderts, auch Vorrats- und Bereitschaftsräume

Kemenate: heizbarer Raum in einer Burg, nicht nur Frauengemach

Kommende: Niederlassung eines Ritterordens (in Franken meist des Deutschen Ordens) mit einem Komtur als Vorsteher; die Kommenden werden in Balleien zusammengefaßt, wobei die Ballei Franken des Deutschen Ordens mit ihrem umfangreichen Streubesitz reichsunmittelbar war, also Kaiser und Reich direkt unterstand

Lehen: meist Landbesitz, der für geleistete Dienste (vor allem Waffendienst) auf Lebenszeit übertragen wird; vom späten Mittelalter an erblich

Maschikulis: Gußlöcher im Boden zwischen den Konsolen mittelalterlicher Wehrgänge; dienten wie die Gußerker zum Hinabschütten von Pech u.a., auch zum Hinunterschießen von Pfeilen

Mauerturm: in einen Bering eingebundener, runder oder viereckiger Turm, der zur flankierenden Bekämpfung eines Angreifers dient

Ministeriale: unfreie Berufskrieger, Hof- und Verwaltungsbeamte, die vom 10. Jahrhundert an allmählich zum Dienstadel aufsteigen und im Lauf des 13. Jahrhunderts den eigentlichen, dem niederen Adel angehörenden Ritterstand bilden

Öffnungsrecht: das Recht eine Burg oder Stadt im Kriegsfall mit eigenen Truppen zu besetzen

oppidum: (lat.) Befestigung, fester Platz, Stadt

Palas: das wichtigste, meist zweigeschossige Wohngebäude einer Burg, das bei bedeutenderen Anlagen im 1. Stockwerk den Festsaal enthält

Palisade: Zaun aus nebeneinander eingerammten oben zugespitzten Holzpfählen, oft in kleinen Abständen gesetzt, damit durch sie Schießen und Stechen nach außen möglich war

Patronat: die Schutzherrschaft eines Stifters (Patron) oder seines Nachfolgers über eine Kirche, deren Vermögen er ganz oder teilweise gestiftet hatte

Pfleger: Verwaltungsbeamter, der auch für die Sicherheit einer Burg zu sorgen hatte

Reichsfreiheit: auch Reichsunmittelbarkeit; bis 1806 die Stellung von geistlichen und weltlichen Landesherrn, die Kaiser und Reich direkt unterstanden

Rondell: turmartiger, runder Verstärkungsbau der Zeit von etwa 1450 – 1700

Säkularisation: (= Verweltlichung), die Beschlagnahme geistlicher Güter durch den Staat; in Franken die Übernahme von Klostergütern im Zug der Reformation während des 16./17. Jahrhunders und vor allem die auf Grund des Reichsdeputationshauptschlusses von 1803 erfolgte Aufhebung der Hochstifte und Klöster und die Einziehung all ihrer Güter

Schalenturm: halbrunder, nach innen offener Mauerturm

Scharten: in ihren unterschiedlichen Formen den zu dieser Zeit üblichen Waffen angepaßte Öffnungen in einer Wehrmauer; am häufigsten: schmaler Senkrechtspalt (für Bogenschützen) und Senkrechtspalt mit einer oder mehreren seitlichen Erweiterungen, sog. Schlüsselscharte (für Armbrust- und Gewehrschützen); runde, in die Mauer eingebundene Schartenöffnung (für Geschütze)

Scharwachtturm: kleiner, an der Ecke eines Turms angebrachter vorkragender Aussichtsturm; in Franken häufig ganz oben an den vier Ecken eines Kirchturms

Schildmauer: ›hoher Mantel‹, besonders hohe und breite Mauer zur Deckung der ganzen Angriffsseite einer Burg

Taferngerechtigkeit: das Recht Getränke auszuschenken (vom lat. tabernarius = Schankwirt)

Truchsess: ursprünglich Hofbeamter, der die Aufsicht über die fürstliche Tafel hatte; später Amtstitel, der Bestandteil des Namens wurde

Turmburg: zur Verteidigung eingerichteter Wohnturm, die einfachste Form einer Burg

Vorburg: der häufig tiefer gelegene, befestigte Teil einer größeren Burganlage, in dem meist Ställe, Wirtschafts- und Vorratsgebäude untergebracht sind und der häufig durch einen weiteren Graben und einen zusätzlichen Torbau von der Hauptburg getrennt ist

Urbar: auch Salbuch, Verzeichnis von Besitzungen und Einkünften; vom 9. Jahrhundert an zunächst durch Klöster und Bistümer, später auch für weltliche Herrschaften angelegt, um Rechte festzuhalten und eine effektive Verwaltung zu sichern

villa (lat.)**:** Landgut, Dorf

Vogt: Schirmherr, eine Person, deren Aufgabe es war andere zu schützen; seit dem frühen Mittelalter vor allem Adelige, die für die weltlichen Angelegenheiten eines Klosters oder eines Hochstifts zuständig waren, die Sicherheit ihres Besitzes zu gewährleisten hatten und die Gerichtsbarkeit ausübten (= Kirchenvogtei); auf der Reichsvogtei, dem Schutz, den Kaiser und Reich gewährten, beruhte die Reichsunmittelbarkeit der Reichsstädte

Wehrgang: Verteidigungsgang auf einer Burg- oder Stadtmauer, geschützt durch Brustwehr mit oder ohne Zinnen, häufig überdacht

Zehnt: regelmäßige Abgabe eines bestimmten Anteils (meist 1/10) der auf einem Grundstück erwirtschafteten Erträge

Zeughaus: Gebäude, in dem Kriegsgerät verwahrt wird

Zinnen: schildartige Erhöhung der Brustwehr eines Wehrgangs zur Deckung der Verteidiger

Zwinger: Raum zwischen der niedrigeren äußeren Mauer, der sogenannten Zwingermauer, und der inneren, stärker befestigten eigentlichen Ringmauer; möglich sind auch mehrere, hintereinandergelegene Zwinger